세상을 향한 눈

비올레트에게, 2012년 8월 8일

UN ŒIL SUR LE MONDE
LES MEILLEURS DESSINS DE PRESSE INTERNATIONAUX DE 1989 À NOS JOURS
by Jean-Christophe Victor

Copyright ⓒ Editions Robert Laffont, S.A., Paris, 2012.
Korean translation copyright ⓒ Munhakdongne, 2015.
This Korean edition is published by arrangement with Editions Robert Laffont
through Sibylle Agency, Seoul.

이 책의 한국어판 저작권은 시빌에이전시를 통해
프랑스 Robert Laffont과 독점 계약한 문학동네에 있습니다.
저작권법에 의해 한국 내에서 보호를 받는 저작물이므로 무단 전재와 무단 복제를 금합니다.

이 도서의 국립중앙도서관 출판예정도서목록(CIP)은 서지정보유통지원시스템 홈페이지(http://seoji.nl.go.kr)와
국가자료공동목록시스템(http://www.nl.go.kr/kolisnet)에서 이용하실 수 있습니다.(CIP제어번호: CIP2015014353)

세계를 뒤흔든 최고의 만평들

세상을 향한 눈

UN ŒIL SUR LE MONDE

장크리스토프 빅토르 지음 | 조홍식 옮김

문학동네

뉴스에 숨어 있는 인간

만평은 민주주의의 도구이며 만평을 만드는 사람은 명백한 정치적 행위자라고 할 수 있다. 예를 들어 벽에 무아마르 카다피의 캐리커처를 그려 유명해진 카이스 알힐랄리Kais al-Hilali는 2011년 3월 20일, 불과 34세의 나이에 벵가지[1]에서 벌어진 총격전에서 죽임을 당했다. 몇 달 뒤 시리아의 만평가 알리 페르자트는 몽둥이질을 당해 손가락이 으스러졌다. 다마스쿠스[2]의 친정부 민병대가 "바샤르[3]를 모독하는 것을 중단시키기 위해" 벌인 일이다. 이란의 마나 네예스타니Mana Neyestani는 자신이 그린 그림이 출판된 뒤 폭동이 일어났다는 이유로 세 달간 감옥생활을 하다 망명을 떠날 수밖에 없었다. 프랑스에서는 2011년 11월, 풍자 잡지 『샤를리 에브도』 사무실에 화재가 발생했다. '샤리아[4] 에브도Charia Hebdo'라고 명칭을 변경한 특집호에 예언자 무함마드를 특별 편집국장으로 모신 데 대한 답례였다. 물론 이 용감한 행위를 자신의 짓이라고 밝힌 자는 없었다. 이제 다양한 생각들은 공공의 장에서 추방당하게 되었고, 논의의 대상일 수조차 없게 되었다. 이는 매우 심각한 현상이다. 자유의 영역이 줄어드는 이 상황에서 우리는 정치 만평가와 그들의 작품, 그리고 그 영향력에 관한 책을 헌정하는 것이 무척 중요하다고 판단했다.

---

1 리비아의 도시.
2 시리아의 수도.
3 Bashar al-Assad(1965~). 시리아 대통령으로 2000년부터 장기집권하고 있다.
4 이슬람 성법의 체계.

'캐리커처caricature'라는 동사는 원래 라틴어 '카리카레caricare'에서 왔는데, '공격하다' '과장하다'라는 뜻이다. 만평은 표현의 자유를 보호하기 위한 간략하고 날카로우면서도 신랄하고 효과적인 무기로 자리잡았다. 민주국가에서 만평가는 사실을 폭로하고, 독자로 하여금 생각하게 만들고, 웃음을 선사하며 산소를 공급한다. 또한 다른 곳의 만평가들은 자유를 앞장세워 저항세력을 형성하고, 미묘한 방법을 사용하거나 때로는 직접적으로 권력에 대항한다. 그들의 작품은 사랑받기도 하지만 두려움의 대상이기도 하다. 우리가 보기에 역사의 증인이라고 할 수 있는 이 직업은 언론인의 역할에 해당하며, 일부 국가에서는 높은 위험을 감수해야 한다. 쉽게 상상할 수 있는 일이지만 바샤르 알아사드나 마무드 아마디네자드[5]를 제네바나 뉴욕, 파리 등지에서 캐리커처로 그리는 일은 다마스쿠스나 테헤란에서 하는 것보다 훨씬 편안할 것이다. 피에르 데프로주[6]가 말했듯이 "모든 것에 대해서 웃을 수는 있지만, 아무나하고 웃을 수 있는 것은 아니다".

저항하기 위해서, 그리고 화해를 도모하기 위해서 만평가의 작업은 만평 그 자체보다 더 나아갈 수 있다. 패트릭 샤파트는 내전중인 코트디부아르에 가서 남부의 정부세력과 북부의 반정부세력 진영의 만평가들을 한곳에 모아 3일간 공동 작업을 위한 세미나를 열었다. 그는 경쟁하는 두 진영의 야망을 중재하고 화해시키는 역할을 나름대로 담당한 셈이다. 왜냐하면 양측의 만평가들은 함께 작업할 수 있었으며, 코트디부아르의 미래가 어떤 것인가에 대한 그림을 만들어낼 수 있었기 때문이다. 이 같은 목적의식에 따라 플랑튀[7]는 코피 아난[8]의 지원 아래, 2006년 제네바에서 '평화를 위한 만평Cartooning for Peace'이라는 조직을 창립했다. 이 조직의 주요 목적은 다양한 시각을 친밀하게 만들고, 대립하는 시각이나 진영 사이에 대화를 가능하게 하며, 창립자들의 아름다운 표현을 따르면 "배타성을 망각"하게 하는 데 있다. 만평은 진정 평화를 진전시킬 수 있을까? 평화의 작은 걸음 말이다. 이것은 정말 현실성이 있는 걸까? 아니면 정치에 대한 만평의 실제적인 비중을 지나치게 과장하는 것은 아닌가? 이런 질문에 대해 명확한 답을 내릴 수 있는 방법은 없다. 만평이란 한 사람의 남자 또는 여자이며, 하나의 도시이고(농촌에서 만평을 그리는 경우는 많지 않다), 하나의 언론이자 역사를 의미한다. 만평가는 카페의 한구석이나 자신의 식탁 앞에 앉아 국내 또는 국제 뉴스를, 그리고 중요하거나 하찮은 일들이 실린 신문을 뒤적인다. 세상이 그의 앞으로 지나가고, 그의 속

---

5 Mahmoud Ahmadinejad(1956~). 이란 제6대 대통령으로, 2005년부터 2013년까지 집권했다.
6 Pierre Desproges(1939~1988). 프랑스의 유머 작가.
7 Plantu(1951~). 프랑스의 만화가로, 1972년 '르 몽드'를 시작으로 각종 지면에 만평을 게재했다.
8 Kofi Annan(1938~). 가나 출신의 제7대 UN 사무총장으로, 2001년 노벨평화상을 수상했다.

으로 들어온다. 그것은 마치 만평가의 눈과 정신, 움직이는 세상과 그의 손, 그리고 연필 사이에 하나의 직선적인 연결선이 존재하는 것과 같다. 선의 활력과 날카로움으로 인해 그의 그림은 증언임과 동시에 의견이고 답변이 된다. 만평은 효과적이고 즉시 읽히며, 잔인하리만큼 재미있기 때문에 우리를 둘러싼 세상을 표현하는 특별한 수단이라고 할 수 있다. 만평은 유혹의 과정으로 돌입하는 것이 아니라 우리를 진실의 순간으로 초대한다. 게다가 단어를 매우 경제적으로 사용하기 때문에 언어 장벽을 뛰어넘어 국제적으로 통용될 수 있다. 그렇다면 만평은 정말 세계화되어 있는가? 번역이 필요 없다는 말인가? 물론 약간의 뉘앙스가 필요하다. 만평은 어디서나 같은 방식으로 이해되지 않으며, 각각의 문화는 자신만의 독특한 방식으로 그림을 해석한다. 하지만 해석의 방식에 차이가 있음에도 불구하고 그림으로 표현된 언어는 독자적인 언어라고 할 수 있으며 대단한 도구임에 틀림없다! 만평은 유머를 통해 사건에 대해 즉각적으로 거리를 두라고 강하게 호소한다. 이들은 해방의 웃음을 제공하고 조롱의 문을 연다. 옐로 유머와 블랙 유머로 연결된다. 또한 비극적이고 시적인 차원으로 세상의 취약함과 우리가 가진 확신의 불확실성을 보여준다. 일본에서 4월에 벚꽃의 만개를 보는 것은 매우 환상적인 일이다. 하지만 후쿠시마 사고가 터진 지 한 달 뒤에 핀 벚꽃은 동시에 방사능의 상징이 되기도 한다. 이런 표현에는 정확성과 도발성이 공존한다. 만평은 많은 경우 우리를 불편하게 하고 기분을 상하게도 한다. 그리고 이것이야말로 만평의 중요한 기능 중 하나다. 우리의 상상력을 자극함으로써 하나의 문제 또는 더 나아가 매우 구체적인 위기를 드러내기 때문이다.

우리는 힘과 권력을 가진 자들이
만평을 싫어한다는 사실을 쉽게 알 수 있다.
벨라루스나 북한의 언론에는 만평이 실리지 않는다.

만평가는 뉴스의 위에 또는 그 옆에 위치한다. 그는 직업상 대부분 기자인데, 신문이나 방송 기자가 사실과 정확한 이야기를 전달하는 것과 달리 만평가는 그것을 해석할 수 있다. 자신의 견해에 따라 뉴스의 일부를 자유롭게 물어뜯고 고치며, 실제로 보거나 들은 것을 바탕으로 작품과 무대를 구상하고 등장인물을 발명한다. 이런 점에서 만평가는 다른 기자들과 비교했을 때 더 큰 자유와 독립성을 누린다. 비판적 기능을 수행하면서 조롱하고 때로는 고발도 하는데, 이것이 반드시 해당 언론사의 편집 방향과 일치하는 것은 아니다. 일부 사례만을 들어보자면 '트리뷴

드 주네브Tribune de Genève'의 제럴드 에르만Gérald Herrmann, '르 탕Le Temps'의 샤파트, '가디언'의 스티브 벨, '르 몽드'의 플랑튀, '르 피가로'의 자크 프장Jacques Faizant, 또는 암스테르담 '헷 파롤Het Parool'의 요엡 베르트람스 등이 있는데, 해당 언론사를 대표하는 만평가들의 위상을 보면 알 수 있다. 세계에서 중요한 역할을 하는 만평가는 백여 명 정도 된다. 이 책은 그들의 작업에 경의를 표함과 동시에 그 가치를 강조하려는 목적으로 만들어졌다. 일부 만평가는 매우 천재적이지만 많이 알려지지 않았고 작품을 그다지 많이 생산하지도 않는다. 다른 분야에서와 마찬가지로 유명세가 적절한 기준은 아닐 것이다. 우리는 이 책에 실리는 데 동의한 만평가들의 제일 우수하다고 판단되는 작품, 그리고 되도록 많은 국가와 언론의 만평을 선정하기 위해 노력했다. 최종적으로 지난 25년간 정치적, 그리고 역사적으로 가장 중요하다고 여겨지는 순간을 표현한 약 250개의 만평이 선정되었다. 나는 덴마크에서 무함마드를 표현한 캐리커처를 일부러 많이 다루지 않았는데, 그 이유는 나 자신이 여론조작에 동참하고 싶지 않기 때문이다. 이런 조작은 결과적으로 항상 극단주의자들에게 도움을 준다. 또한 의도적으로 'DSK 사건'[9]을 제외했다. 이 사건은 그 순간 여론에 의해 과장되어 다뤄졌지만, 미래의 관점에서 역사적으로 볼 때 그 위상이나 중요성은 사라져버릴 것이기 때문이다.

우리가 만평을 선택한 기준은 매우 단순하다.
무엇보다 의미와 영향력, 긴장의 순간을 표현하는 능력과 장기적 경향,
그림의 효율성과 미적이고 시적인 차원이 그것이다.

이 그림책은 그 무엇보다 역사책이다! 이 책은 우리의 회의적인, 열정적인 또는 무관심한 듯한 시선 아래에서 매일같이 만들어지는 현대사를 다룬다. 시작은 1989년 가을인데, 이는 세계적으로 거대한 지정학적 움직임이 시작되는 결정적인 해이기 때문이다. 베를린과 독일, 그리고 유럽을 둘로 나눴던 장벽이 무너졌다. 소련은 내분하는가 싶더니 사라져버렸는데, 이 제국의 종말은 또다른 커다란 국제적 결과를 초래했다. 책은 2012년 프랑스의 프랑수아 올랑드 대통령 당선과 이보다 더 중요한 시리아 내전으로 종결된다. 우리가 살고 있는 이 역사적 시대를 이야기하기 위해 앞으로 소개할 만평가들은 예리하고, 국제문제에 심층적으로 접근해 해석하는 대단한 능력을 지녔다고 여겨진다. 만평은 만화라는 제9의 예술과

---

9 2011년 5월 당시 IMF 총재였던 도미니크 스트로스칸이 호텔 여직원을 성추행했다는 혐의를 받은 사건이다. 사회당의 유력한 차기 대권주자였던 그는 이 사건으로 인해 경선에서 낙마했고, 불명예사퇴로 총재직에서도 물러났다.

언론이라는 제4의 권력이 교차하는 순간이다. 또한 뉴스 뒤에 숨어 있는 우리의 인간성이 표출되는 순간이기도 하다.

장크리스토프 빅토르

차례

1989. 2. 14
살만 루슈디
이슬람 세계가 봉기하고 서구는 격분하다

1947년, 인도와 파키스탄이 분열하던 해에 뭄바이에서 태어난 영국 작가 살만 루슈디는 1988년 9월에 그의 네번째 소설을 출간했다. '악마의 시'라는 제목의 이 작품은 선과 악의 투쟁이라는 보편적 주제를 다룬다. 문제는 이슬람 보수세력의 입장에서 볼 때 이 작품에 등장하는 무함마드의 이미지가 그다지 긍정적이지 못했다는 것이다. 그 때문에 이 소설은 신성모독이라고 여겨져 급속도로 스캔들의 대상이 되었다. 이 책은 인도에서 판금되었고, 영국과 파키스탄에서는 시위가 일어났다. 1989년 2월 14일, 이란의 이슬람 혁명 최고 지도자 아야톨라 호메이니는 이슬람교도들에게 살만 루슈디를 죽이라는 종교 명령을 내렸다.

카하스의 만평
에콰도르, '엘 코메르시오El Comercio',
1989년 4월

카하스의 이 만평에서는 두 가지 특징을 발견할 수 있다. 우선 타자기에서 죽음을 상징하는 해골이 튀어나오는데, 이는 자신의 작품 때문에 이란 정부로부터 사형을 선고받은 살만 루슈디의 상황을 표현한다. 한편, 카하스는 루슈디의 발을 쌍발굽으로 그렸다. 작가를 이슬람교에서 불순한 짐승으로 여기는 돼지로 표현함으로써 에콰도르의 만평가는 루슈디의 소설이 이슬람 세계에 초래하는 깊은 거부감을 강조했다. 이슬람 율법에 의하면 살만 루슈디는 이중 사형의 대상이다. 첫째는 배교背敎의 죄로서, 루슈디가 이슬람교도로 태어나 교육을 받았음에도 불구하고 종교를 부정한 죄다. 다음은 신성모독으로, 소설에서 예언자 무함마드의 계시와 믿음에 의문을 제기한 죄다. 루슈디가 과거 페르시아의 한 해석가가 만들어놓은 설화를 따라, 코란의 일부분이 악마에 의해 무함마드에게 전달되었다는 내용을 자신의 책에 인용했기 때문이다.

1989. 6. 4
톈안먼 광장
그리고 베이징의 봄

1978년, 덩샤오핑은 중국의 국가주석 및 공산당 지도자로서 마오쩌둥과 화궈펑의 뒤를 잇는다. 그는 중국을 세계에 개방하는 경제개혁을 시작했다. 그로부터 10년 뒤 중국은 크게 변화해 소위 '사회주의 시장경제'라고 불리는 혼합경제로 진화했다. 그런데 경제개혁은 민주적 개혁을 동반하지 못했고, 따라서 경제활동의 자유화와 공산당에 의한 정치활동의 엄격한 통제 사이에 점점 커다란 모순이 발생했다. 1989년 4월 15일, 권력에 항거하는 학생들이 베이징 톈안먼 광장에 운집했다. 일반적으로 시위가 금지된 이 거대한 광장은 학생들이 점령한 장소로 등장했다. 그러나 1989년 6월 4일 밤, 덩샤오핑의 호출로 군대가 학생 저항을 탄압하기 위해 수도로 진입했다.

장루이 사비냐크의 만평
프랑스, 〈카리카 3Carica 3〉,
FR3 리무쟁 · 푸아투샤랑트Limousin
Poitou–Charentes, 1989년 7월 1일

병 중국 잉크

1989년 6월 30일, 중국 정부는 톈안먼 광장에서 민간인 3천여 명이 부상당하고 300여 명 이상이 사망했다는 보고서를 발간했다. 일명 '톈안먼 광장의 학살'로 불리는 사건의 정확한 피해 규모는 오늘날까지 논쟁의 대상이다. 그러나 숫자의 문제를 떠나, 중국 정부가 주도한 학살은 당시 세계 여론에 파괴적인 효과를 초래했다. 탄압에 대한 비난이 사방에서 들끓었고, 붉은 피로 물든 중국은 국제무대에서 장기적인 고립의 늪에 빠졌다.

"PEOPLE'S REPUBLIC"

허블록의 만평
미국, '워싱턴 포스트', 1989년 6월 6일

`그림 위` 인민공화국

1949년 10월 1일, 마오쩌둥이 사회의 기초를 변화시키겠다면서 중화인민공화국의 탄생을 선포한 곳이 바로 톈안먼 광장이다. 1976년, 그가 사망한 뒤 기념관이 세워진 곳도 같은 광장이다. 마오쩌둥의 선포로부터 40년 뒤, 허블록은 인민해방군이 주도하는 인민 탄압을 비난하기 위해 인민공화국이라는 단어와 현실을 대비시켰다. 군부는 학생운동을 진압하기 위해 무력 사용을 허용했고, 그 과정은 일본과 서구의 방송에 그대로 담겼다. 2001년에 사망한 허블록은 20세기의 위대한 만평가 중 한 명이었다. 민주주의자이자 자유주의자로서 그는 '워싱턴 포스트'에 근무하는 장기간 동안 공산주의와 매카시즘을 동시에 비난하는 입장을 취했다.

1989년의 시위가 여론의 호응을 얻자 중국의 보수 지도자들은 자오쯔양* 같은 개혁주의자들에 대해 대립각을 세웠다. 당시 소련에서는 미하일 고르바초프가 페레스트로이카 개혁운동을 주도하면서 소비에트 블록의 종말을 준비하고 있었다. 덩샤오핑을 중심으로 한 보수세력은 논의를 종결하고 5월 19일에 계엄령을 선포했다. 만평 속 '인민복'을 입은 인민공화국의 주석 덩샤오핑은 자신의 인민을 먹고 있다. 그의 승리는 실질적으로 완벽해 보였다. 반대세력은 침묵을 강요당했고, 체제의 부정부패는 개선되지 않았으며, 10억이 넘는 중국인들은 국가경제의 성장을 위해 계속 노력했다.

Full seier til Deng ...

로아르 하옌의 만평
노르웨이, '베르덴스 강Verdens Gang', 1989년

접시 위 중국
그림 아래 덩의 완전한 승리

올리판트는 만평의 거물이다. 미국에서 만평계의 아버지로 인식되기도 하고, 영향력이 가장 강하다고 평가받기도 하는 그는 제일 날카로운 펜의 소유자라고 할 수 있다. 탱크에 깔려 자전거 위에 쓰러진 채 죽어 있는 사람은 톈안먼 광장으로 향하는 탱크 부대에 홀로 저항했던 무명의 시위자를 연상시킨다. 이것은 1989년 6월 5일에 일어난 사건이며, 그 광경은 20세기의 아이콘으로 등장했다. 이 그림의 피켓을 통해 올리판트는 탄압에 희생된 시위대의 의지와 자유를 향한 욕망이 무참하게 짓밟힌 현실을 강조한다. 중국 정부가 1989년 톈안먼 광장에서 벌인 탄압은 오늘날까지도 중국에서 여전히 금기사항이다.

올리판트의 만평
미국, 1989년 6월 5일

피켓 나에게 자유 아니면 죽음을 달라.
그림 아래 톈안먼 광장을 잊지 말자.

REMEMBER TIANANMEN SQUARE

* 趙紫陽(1919~2005). 경제개혁과 개방정책을 추구한 최고위 정치가로서 덩샤오핑의 후계자로 주목받았으나 톈안먼 사태 당시 무력 진압에 반대했다가 당에서 축출되었다.

1989. 11. 9
베를린
철의 장막을 무너뜨린 역사적인 밤

1989년 11월 9일에서 10일로 넘어가는 밤, 놀랍게도 독일민주공화국(동독) 정부와 경찰은 베를린장벽에 위치한 국경 검문소를 개방했다. 9일 낮에 동독의 주민들이 자유롭게 국경을 넘을 수 있도록 허락한 직후의 결정이었다. 이 역사적이고 감동적인 순간에 동독 시민들은 축제를 벌이기 위해 장벽 아래로 몰려들었고, 국경 경비대는 이를 통제할 수 없는 상황이 되었다. 1989년 봄 이후 많은 동독인들이 헝가리나 체코슬로바키아의 국경을 통해 서독으로 도망가던 상황에서 베를린의 개방은 획기적이었다. 11월 9일의 이 에피소드는 '역사의 종말'을 의미하는 것은 아니지만, 20세기 중요한 정치적 시기의 종결을 뜻하는 것이었다.

CREDEVO DI ESSERE
UN COGLIONE QUALUNQUE
E INVECE VIVEVO
UN MOMENTO EPOCALE!

알탄의 만평
이탈리아, 『파노라마Panorama』, 1990년

"나는 그냥 바보상자 앞에 앉아 있었는데 실은 역사적 순간을 경험한 것이었군."

텔레비전을 통해 전해진 장벽 붕괴의 이미지는 사람들에게 무척 인상적이었다. 처음으로 전 세계의 시청자들은 역사적 사건을 생중계로 볼 수 있었던 셈이다. 게다가 베를린장벽의 붕괴는 또다른 역사적 변화로 이어져 소련 제국의 종말을 초래했고, 그것은 다시 수많은 역사적 장면이 우리 눈앞의 화면에 나타나는 것을 의미했다. 예를 들어 11월 17일과 18일에는 프라하에서 벨벳 혁명*이 일어났으며, 1989년 12월에는 루마니아에서 혁명이 일어나 장기 독재자 니콜라에 차우셰스쿠가 처형당하는 사건이 있었다.

───────────
* 공산 통치 종식과 자유화를 요구한 체코의 시민혁명이자 무혈혁명.

클라우스 슈투트만의 만평
독일, '융게 벨트^{Junge Welt}', 1989년

"혁명 만세!"

클라우스 슈투트만은 동독의 입장에서 프랑수아 미테랑, 마거릿 대처, 조지 부시, 그리고 헬무트 콜에게 프랑스 베르사유 궁전의 귀족 의상을 입혀놓았다. 이들은 모두 장벽 붕괴 이후 상당히 망설이는 모습이나, 만평에서 어색한 미소로 표현된 것처럼 가장된 기쁨을 보여줄 뿐이었다. 베를린 사건은 서구 지도자들이 예상하던 바가 아니었기에 이들은 사건의 역사적 의미를 제대로 파악하지 못했던 셈이다. 프랑스 대통령 프랑수아 미테랑은 신하를 거느린 루이 14세처럼 표현되었는데, 그는 장벽의 붕괴로 인해 두 독일의 통일이 돌이킬 수 없는 방식으로 이뤄질 거라는 사실을 곧바로 이해하지 못했다. 그는 소련이 독일의 통일이 시작되는 것을 인정하지 않을 거라고 믿었다. 당시 영국 수상이었던 마거릿 대처와 마찬가지로 그 역시 독일의 잠재적 통일에 대해 적대적인 태도를 보였다.

서독 함부르크에서 발간되는 보수언론지 '디 벨트'의 클라우스 뵐레는 안경과 벗어진 이마로 쉽게 알아볼 수 있는 에리히 호네커를 그렸다. 호네커는 1961년 '반파시스트 보호벽'*의 건설을 책임졌고, 1976년부터 동독을 통치해왔는데, 그림에서 보듯이 동독이라는 끓는 주전자의 폭발을 늦추려고 안간힘을 썼다. 10월 초부터 반체제 시위는 점차 거세졌고, 독일통일사회당 정치국의 압력으로 에리히 호네커는 10월 18일에 사임할 수밖에 없었다. 물론 미하일 고르바초프가 시작한 개혁에 끝내 저항하던 호네커가 정치 무대에서 사라졌다고 해서 민중의 폭발적 힘이 없어진 것은 아니었다.

---

* 베를린장벽을 말한다. 분단 이후 동독에서 서독으로 월경하는 사람이 늘어나자 동독은 이를 막기 위해 장벽을 쌓으면서 '반파시스트 보호벽'이라는 명분을 내세웠다.

딜렘의 만평
알제리, '알제 레퓌블리캥Alger républicain', 1989년

1989년, 알제리의 유명한 캐리커처 작가가 활동을 시작했다. 그는 소련 국기에 등장하는 프롤레타리아의 상징인 망치를 사용해 유명한 베를린의 철의 장막을 부수게 한다. 왜냐하면 소련의 정치 경제 시스템 전체의 붕괴는 내부적 모순에서 비롯됐기 때문이다. 소련은 더이상 동독을 지원할 수 없었고 1989년 10월 7일, 미하일 고르바초프는 소련이 동독에서 군사적 탄압을 시행할 의사가 없음을 동독 지도층에게 명확하게 밝혔다. 아프가니스탄 전쟁, 미국과의 지속적인 군비 경쟁, 그리고 고르바초프가 주도하는 개혁과 자유화 정책 등으로 인해 공산주의 블록의 유지는 소련의 우선 과제에서 멀어지게 되었다.

제브가 그림에서 보여주듯 독일 민족의 재결합은 이스라엘과 유대 민족에게 고통스러운 과거를 상기시킨다. 베를린장벽의 붕괴는, 1945년 제2차세계대전을 마치면서 미국의 프랭클린 델러노 루스벨트 대통령과 영국의 윈스턴 처칠 수상, 그리고 소련의 이오시프 스탈린이 규정한 세계 질서의 종말을 의미한다. 당시 연합국 지도자들은 독일 제3제국이 항복한 뒤 유럽의 운명을 결정했다. 제브는 나치 독일이 수용소에서 유대인에게 입혔던 수의를 그림으로써 제2차세계대전의 트라우마를 환기하고, 1945년에 결정된 질서를 깨고 통일을 이루는 독일에 대한 유대 민족의 걱정을 보여준다.

제브의 만평
이스라엘, '하아레츠Haaretz', 1989년 11월 13일

좌측 군인 서독   우측 군인 동독

바르바라 헤니거의 만평
독일, '보셴포스트Wochenpost', 1989년

바르바라 헤니거는 제2차세계대전 이후 동독에서 태어났다. 그녀는
1980년대에 풍자 잡지『오일렌슈피겔Eulenspiegel』에서 정기적으로 활
동했다. 베를린장벽이 열리면서 나타나는 무한대의 복잡한 미로를 표
현함으로써 그녀는 동독에서 서베를린으로 넘어가는 수만 명의 사람
들이 느끼는 새로운 세상에 대한 공포를 구체적으로 보여준다. 대부
분의 사람들은 일어나고 있는 변화의 규모나, 역사적 흐름이 가져올
사회경제적이고 지정학적인 파장을 제대로 인식하지 못했다. 베를린
장벽은 1948년 이후 유럽의 정치적 경제적 분열의 현실임과 동시에
상징이었다. 그것이 붕괴됨으로써 독일의 분단은 즉시 변화의 파도를
탔고, 향후 소련 붕괴와 미소 양극의 냉전 시대 종말을 알리게 되었다.

1990. 2. 11
세계에서 가장 유명한 정치범
넬슨 만델라의 석방

1964년 남아공 프리토리아 정부에 의해 '사보타주와 반역 및 음모 행위'로 종신형을 선고받았던 넬슨 만델라는 27년의 수감생활 후 71세의 나이에 석방되었다. 석방되던 날 그의 연설은 전 세계의 텔레비전을 통해 생중계되었고, 그는 자신을 남아공 민중의 겸허한 봉사자라고 소개했다. 당시 남아공 지도자 프레데리크 데클레르크는 인종평등정책을 펴기 시작했다. 만델라와 데클레르크는 인종차별제도를 철폐하고 남아공에 민주주의를 수립한 공을 인정받아 1993년에 노벨평화상을 수상했다. 이후 1994년, 만델라는 남아공 대통령으로 선출되었고, 즉시 '진실과 화해 위원회'*를 창설했다.

---

* Truth and Reconciliation Commission. 남아공의 인종차별정책인 아파르트헤이트로 인해 벌어진 범죄를 공개하고 보복 대신 화해를 위해 설립된 기관.

남아공에는 2400만 명의 흑인과 500만 명의 백인이 공존하는데, 모이어는 이 그림을 통해 백인 소수집단이 여전히 국가의 권력을 독점하고 있는 허술하면서도 모순적인 상황을 표현했다. 이 만평의 상황이 재미있는 이유는 역할이 서로 뒤바뀐 데서 찾을 수 있다. 권력이 다수의 힘에서 나올 수 없는 상황이기 때문에 권력의 배분에 대해 생각해야 하는 시점에 도달했으며, 어떤 의미에서는 남아공 정부가 정책의 선택권을 더이상 가지고 있지 않음을 뜻한다. 실제로 1990년 10월부터 남아공 의회는 인종차별제도를 규정하는 주요 법을 철폐하기 시작했고, 1991년 6월 30일에는 현존하는 마지막 차별법인 인종의 구분에 관한 개념을 정의하는 법을 제거했다. 그럼에도 불구하고 법안보다 더 바꾸기 어려운 것은 사람들의 사고방식이라고 할 수 있다. 사고방식이야말로 특권을 유지하거나 제거하는 데 중요한 요소이기 때문이다.

모이어의 만평
호주, '시드니 모닝 헤럴드The Sydney Morning Herald', 1991년 8월 1일

"대체 언제쯤 당신들의 절망적 상황을 이해할 텐가?"

칼의 만평
미국, '볼티모어 선The Baltimore Sun', 1989년 9월 6일

모자 위 남아공
페인트 통 위 백색

아파르트헤이트 인종차별제도는 1948년에 공식
화되었지만 실제로는 1910년 남아공이 수립될
때부터 지속되어온 차별법안의 연장선이었다.
통일국가 안에서 국민의 다수인 흑인의 권리
를 30여 년 동안 지속적으로 주장해온 정치범
만델라는 1989년 여름, 당시 남아공 대통령
피터르 빌럼 보타를 만났다. 그리고 같은 해
8월, 보타가 사임하고 프레데리크 데클레르
크가 취임하면서 정치적 조건이 변했다. 이에
덧붙여 더 중요한 점은, 철의 장막이 걷히면
서 남아공 정권이 더이상 차별정책을 지속하
기 어렵다는 사실을 인식하기 시작했다는 것
이다. 이제는 내부적으로 공산주의 위협을 내
세워 아프리카민족회의에 반대하거나, 외부적
으로도 서구세력에게 어필하기 어려운 상황
이 되었다. 공산주의 블록의 붕괴로 서구 역
시 이데올로기적이고 군사적인 위협에서 해
방되었기 때문이다.

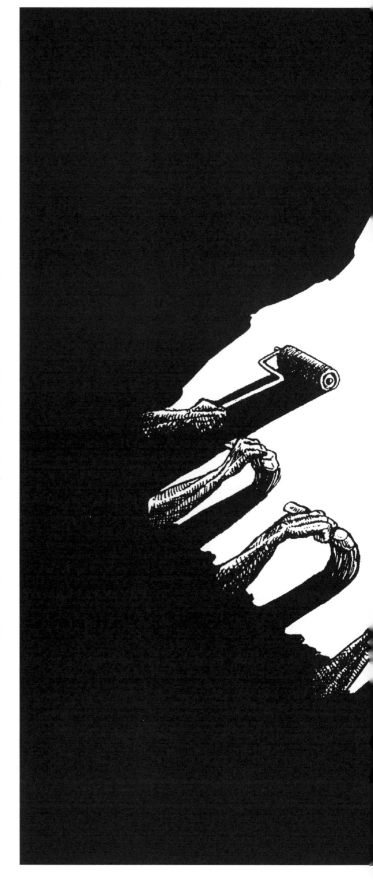

만델라 "가장 힘들었던 것은 고립이었습니다."

데클레르크 "누가 해야 할 소리인지 원!"

데클레르크의 서류 유럽경제공동체의 제재, 보이콧, 국제 제재,
UN의 비난성명

이 두 그림은 넬슨 만델라와 남아공 대통령 프레데리크 데클레르크가 형성하는 커플의 중요성을 강조하며 양자가 취하는 행동반경이 매우 좁을 수밖에 없다는 사실, 그리고 남아공에 대한 국제사회의 제재와 압력이 이 국가를 고립시키는 데 성공했음을 보여준다. 각각 상대성의 의미를 생각하게 한다. 샤파트는 '고립'이라는 개념에 대해 새롭게 조명하며 남아공 정부가 정책 변화를 실행한 이유에 대해 생각하게 한다. 실제로 1970년 이후 남아공에 대한 다양한 금수禁輸 조치로 이 나라에 압력이 가해졌다. 예를 들어 매우 중요한 에너지 분야에 대해 유럽경제공동체의 제재가 가해졌고, UN은 결의안을 통해 무기 판매 금지를 적용했다. 한편, 댄지거는 각각의 진영이 발사하려는 권총의 방아쇠를 두 사람이 저지하고 있는 상황을 그렸다. 이 둘은 정부와 아프리카민족회의 사이의 관계를 평화롭게 하는 데 성공했고, 아프리카민족회의는 무장투쟁을 공식적으로 포기했다. 그럼에도 불구하고 두 진영 간 내전의 위험이 완전히 제거되었다고 하기는 어려웠고, 여전히 긴장 상태에서 대치하는 상황이었던 것이다.

아파르트헤이트는 인종차별의 원칙 위에 세워진 이데올로기적, 제도적, 경제적 시스템이었다. 1991년에 공식적으로 종료되었지만 1994년 봄, 넬슨 만델라가 대통령에 당선됨으로써 실질적으로 끝났다고 볼 수 있다. 독창적인 스타일과 정신세계를 가진 페생은, 역사상 처음으로 통합의 논리를 실험해보는 새로운 남아공을 설명하면서 남아공의 부유한 백인들이 국가의 경제권을 흑인과 나누는 데 보이는 거부감을 지적한다. 왜냐하면 남아공에는 경제적 불평등이 영토 자체에 깊이 새겨져 있을 정도로 강하기 때문이다. 흑인들은 경제적으로 취약한 일명 반투스탄Bantoustan*에 거주하는 반면, '백인' 지역은 농업 생산 지역이나 프리토리아, 더반, 케이프타운 등의 도시에 집중되어 있다.

* 아파르트헤이트의 인종격리정책에 의해 남아공과 남서아프리카에 설치된 흑인 거주 구역.

SI LES BLANCS ET LES NOIRS PEUVENT VIVRE ENSEMBLE, C'EST UN IMMENSE ESPOIR POUR LES RICHES ET LES PAUVRES

PESSIN

"백인과 흑인이 함께 살 수 있다면 그것은 부자와 빈자 모두에게 거대한 희망이 있다는 말이네."

1990. 8. 2
탈냉전 시기의 첫번째 커다란 위기
쿠웨이트 침공

1990년 8월 2일, 이란과의 전쟁이 종결된 지 2년 만에 이라크의 사담 후세인은 쿠웨이트를 점령했다. 이 침공에는 여러 가지 요인이 있었다. 우선 이라크는 독립 당시 두 나라 사이에 그어진 국경을 인정하지 않겠다고 주장했다. 그리고 쿠웨이트가 이라크의 유전에서 석유를 끌어갔다고 비난했다. 하지만 침공의 가장 중요한 이유는 이라크가 페르시아 만의 해안선을 확보해 세계 석유 매장량의 9%에 달하는 쿠웨이트의 석유를 손에 넣기 위함이었다. 힘을 상실한 소련은 미국이 주도하는 '사막의 폭풍' 작전을 방관할 수밖에 없었다. 불과 석 달 만에 30만 명의 군대가 이라크 주변 국가에 파견되었고 1991년 1월 17일, 이라크가 UN의 최후통첩에 반응을 보이지 않자 국제적 군사개입을 통해 쿠웨이트의 주권을 다시 확립하려는 작전이 시작되었다.

DESERT STORM

요엡 베르트람스의 만평
네덜란드, '헷 파롤', 1990년

우측 사람 위 언론
그림 아래 사막의 폭풍

미국 정부는 다른 국가로부터 침공받은 나라를 구하기 위해 군사작전을 펴는 것이 정당하다는 국제여론을 만들기 위해 노력했고, 그 일환으로 미 군부는 언론 왜곡 작전을 벌였으며, 베르트람스는 이를 신랄하게 비난했다. 그는 1991년 1월에 개시된 '사막의 폭풍'이라는 작전명을 활용해 미 군부와 언론의 관계를 그렸다. 1990년 11월 29일의 UN 결의안은 1991년 1월 15일까지 이라크가 쿠웨이트에서 철수하지 않으면 물리적 힘을 사용할 수 있도록 허용했다. 하지만 사담 후세인이 말을 듣지 않자 프랑스는 이 최후통첩이 종결되는 마지막날까지 전쟁을 피하기 위한 제안을 했고, 이라크와 미국 및 영국은 각각 독자적인 이유로 프랑스 안을 거부했다. 이 만평에서 군인의 행동은 명확하다. '사막의 폭풍' 작전에서 미군 참모부는 월남전에 대한 여론의 비난을 교훈 삼아 이미지와 정보에 대한 엄격한 통제를 강요한 것이다.

Chirurgischer Eingriff...

클라우스 슈투트만의 만평
독일, '디 타게스차이퉁Die Tageszeitung', 1991년

침대 위 바그다드와 바스라
그림 아래 국부 공격

UN의 기치 아래 미국이 주도하는 국제연합군은 최종적으로 30여 개국의 60만 명에 달했다. 이에 대립하는 이라크 군대는 비핵화한 재래식 군대로서 오래전부터 세계 랭킹 4위라고 소개되어왔지만, 실제로는 준비되지 않았고 무기도 형편없었으며 후세인 정권에 대한 충성심도 부족했다. 연합군이 6주 동안 8만 톤에 달하는 폭탄을 쏟아부음으로써 불필요하고 과한 폭력의 힘을 동원한다는 사실이 드러났다. 원칙적으로는 전략적 목표물만을 폭격하고, 유도폭탄으로 목표물을 센티미터 수준으로 정확하게 가격해야 했다. 하지만 슈투트만의 만평은 망치로 두들겨맞는 환자를 통해 모든 전쟁이 필연적으로 초래하는 주변적 피해의 현실과 '국부 공격'이라는 개념을 중심으로 하는 공식연설 사이의 괴리를 묘사하는 데 성공했다.

벨은 여기서 미국의 독립기념일인 7월 4일의 행진을 재구성했다. 행진하는 군대는 해골들이다. 선두의 탱크는 유조차로 글로벌 석유회사의 로고를 탱크에 명기하고 있다. 영국과 네덜란드 합작사인 셸, 영국의 BP, 미국 회사인 텍사코와 엑손모빌 등이다. 사담 후세인은 쿠웨이트를 점령함으로써 석유수출국기구OPEC에 대한 서구세력의 종속을 확대시켜 이득을 누리려 했다. 그는 전쟁이 종결된 후에도 권력을 계속 유지했고, 걸프 만의 유전에 영국과 미국의 군사기지 주둔이 정당화되는 결과를 가져왔다. 이처럼 벨은 국제법을 존중하기 위해 치러진 전쟁이라고 소개된 이라크 전쟁 뒤에 어떤 현실이 은폐되어 있는지 폭로한다.

스티브 벨의 만평
영국, '가디언', 1991년 6월 11일

"잊지 말자."

1990. 10. 3
독일의
통일

역사적으로 하나의 국가가 완전히 사라지는 것은 상당히 드문 지정학적 현상이다. 그런데 1990년 10월 3일, 독일민주공화국(동독)이라는 국가의 존재가 완전히 사라져버렸다. 독일연방공화국(서독)이 동독의 영토를 그야말로 '삼켜'버린 것이다. 모스크바에서 체결된 '2+4' 조약*을 통해 나치 정권 이후 45년간 독일을 점령했던 프랑스, 소련, 미국, 영국 등 4대 세력은 독일에 완전하고 전체적인 주권을 돌려주었다. 독일연방공화국은 이전의 국명을 유지하면서 단숨에 통일 유럽의 심장부에 인구 8천만의 새로운 국가로 탄생했다. 10월 3일은 독일 통일의 날로 국경일이 되었다.

---

* 베를린장벽 붕괴 후 독일의 통일이 빠르게 진행되자 독일의 영토와 군사 문제 등을 해결하기 위해 동독, 서독과 프랑스, 소련, 미국, 영국이 모여 1990년 5월에 2+4 회담을 열고, 9월 12일에 조약을 발표했다.

에흐르트는 이 시적이면서도 잔인한 이미지를 통해 서로 그토록 다른 두 독일의 몸이 대충한 듯한 바느질로 연결된 모습을 표현했다. 비쩍 마른 몸의 동독이 비만한 서독의 중심을 무너뜨리는 이미지를 통해 만평가는 통일의 경제적 이슈를 제기하고 있다. 구서독은 1980년과 1990년 사이 연평균 4%의 성장률을 자랑하며 안정적이고 강한 성장을 해온 반면, 구 동독은 자원 부족과 부채, 노후한 산업시설의 문제를 극복해야 했다. 그렇다면 서독의 경제적 안정을 해치거나 위축되게 하지 않으면서 동독의 경제 수준을 높이는 것은 가능한 일인가? 이 그림은 통일의 의지에도 불구하고 당시 상황에서 자유주의 경제와 계획경제의 결합은 실패할 것으로 보였다는 사실을 상기시킨다.

라이너 에흐르트의 만평
독일, 『오일렌슈피겔』, 1990년 3월

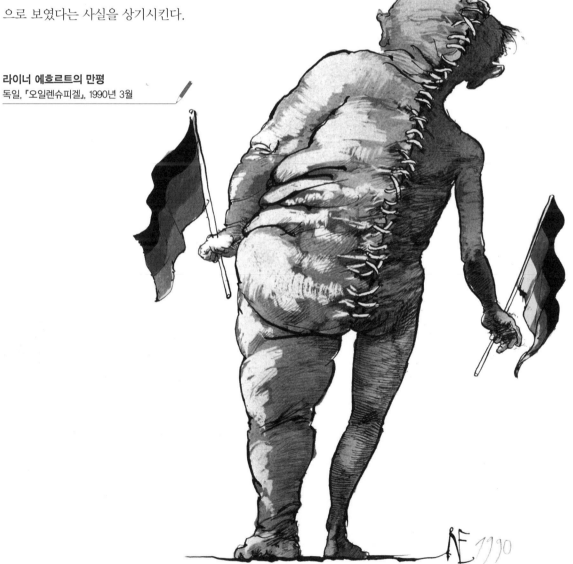

여기서 동독의 만평가는 수십 년간 정반대로 발달해온 후, 이제 함께 사는 방법을 터득해야 하는 베를린의 두 부분을 표현했다. 새로운 자유를 찾은 동독인과 나이도 돈도 많아 보이면서 조심스럽게 동독인을 관찰하는 주변의 서독인은 여러모로 대조적이다. 그림의 붉은색 자동차는 트라반트 601로, 동독에 널리 퍼진 모델이며 동독인들이 서독으로 이주할 때 대거 몰고 이동한 차이기도 하다. 매우 낡아 보이는 디자인은 차치하고라도 이 차는 주변의 서독 세단에 비해 많은 매연을 내뿜고 있다. 운전자는 손에 샴페인과 바나나를 들고 있는데, 이것은 그 당시 동독에서는 보기 어려운 상품들이다. 슈발메는 자동차 외부에 서독의 상징인 헬무트 콜 수상에게 감사를 표했고, 동독의 이니셜인 DDR을 도이치마르크를 의미하는 DM으로 고쳐 그렸으며, 인종주의적 욕설도 적어놓았음을 발견할 수 있다.

라이너 슈발메의 만평
독일, 1990년

`보닛 위` 터키인은 물러가라!
`문 위` 헬무트 사랑해!

이탈리아의 만평가는 평소 즐겨 쓰는 방식에 따라 새로운 통일 독일에서 동독인들이 처한 상황을 표현하며 그 부조리함을 지적한다. 1961년에 베를린장벽이 세워진 이유는 동베를린으로부터 이민의 흐름을 막기 위해서였다. 당시 매일 1천여 명의 동독인이 서베를린으로 몰려왔고 거기서 다시 서독으로 이동했다. 이 거대한 운동을 가리켜 독일인들은 '발로 투표한다'는 표현을 사용했다. 그것은 공산주의 체제에 대한 거부감을 표현하는 방법이었기 때문이다. 그로부터 28년이 지난 1989년 여름, 국경 개방을 통한 희망으로 2만 5천여 명의 동독인들은 다시 '발로 투표'하기 시작했고, 자국을 떠나 헝가리나 체코슬로바키아로 향했다.

LA GERMANIA È UNA SOLA

바우로의 만평
이탈리아, '일 마니페스토Il Manifesto', 1990년

그림 위 이제 독일은 하나다.

"불쌍한 동독 사람들⋯ 이제 도망갈 곳이 없어졌네."

칼의 만평
미국, '볼티모어 선', 1990년 2월 11일

"미하일 걱정하지 마. 모든 게 천천히 변하는 한 별문제는 없을 거야."

부시의 모자 NATO(북대서양조약기구) 로켓 위 통일

고르바초프의 모자 바르샤바 조약 철모 위 독일

칼의 이 그림에 등장하는 인물 중에서 NATO 모자를 쓴 아버지 조지 부시와 바르샤바 조약의 모자를 쓴 미하일 고르바초프를 확인할 수 있다. 서구의 정치군사조직과 공산권의 군사동맹은 이제 미래 통일 독일의 운명과 연결되어 있다. 이 그림에서 독일은 제1차세계대전 당시 독일군이 썼던 특유의 철모로 표현되었다. 모스크바가 독일의 통일을 방해할 수단도 의지도 없는 상황에서 미하일 고르바초프는 1990년 2월 10일, 소련은 통일의 방식에 관한 서독과 동독의 자유로운 선택을 지지한다고 발표했다. 1990년 3월 18일, 동독에서 치러진 최초의 자유선거에서는 통일을 지지하는 정당들이 집권하게 되었다.

1991. 6
유고슬라비아 전쟁의 시작

1991년 6월 25일, 유고슬라비아 사회주의 연방공화국을 형성하는 6개의 공화국 중에서 가장 부유하며, 중부 유럽을 의미하는 '미텔 오이로파Mittel Europa'에 속하는 슬로베니아와 크로아티아가 독립을 선언했다. 1989년 5월 이후 슬로보단 밀로세비치가 주도하는 베오그라드 연방정부는 이들의 독립을 인정하지 않았다. 그의 지정학적 계획은 세르비아계가 주류를 이루는 연방군을 활용해 유고슬라비아의 영토를 세르비아계의 분포에 따라 재단하려는 것이었다. 이로 인해 새로운 발칸전쟁이 시작되었다. 서구의 언론들이 너무나 간단하게 소개하기는 했지만, 유고슬라비아 전쟁은 종교나 종족 간의 내전이라고 하기는 어렵다. 이 전쟁은 오히려 민족주의 정당들이 주도하는 정치적 전쟁이었고, 불행히도 유럽에 '종족적 순수성'이라는 역겨운 개념을 다시 돌아오게 했다.

로아르 하옌의 만평
노르웨이, '베르덴스 강', 1991년

유고슬라비아

하옌은 이 그림에서 유고슬라비아를 고기의 부위가 표시된 푸줏간의 사체로 표현한다. 짐승의 몸뚱이는 과거 유고슬라비아 사회주의 연방공화국을 구성하던 6개의 공화국(세르비아, 크로아티아, 슬로베니아, 보스니아 헤르체고비나, 몬테네그로, 마케도니아)이 각각의 연방에 거주하는 다양한 슬라브 민족의 대표성을 주장하듯 구분되어 있다. 세르비아는 코소보와 보이보디나라는 자치구를 포함하고 있었다. 결국 이들 8개의 고깃덩어리는 각각 분해될 것이고, 하나하나의 덩어리는 다시 작은 고기로 쓸려나갈 것이다.

세르비아의 슬로보단 밀로셰비치 대통령과 크로아티아의 투즈만 대통령, 그리고 보스니아의 알리야 이제트베고비치 대통령은 미국이 준비한 평화안에 기초해 1995년 11월 21일 파리에서 조약에 서명했다. 이 조약에 따르면 보스니아 헤르체고비나는 형식적으로 영토의 단일성을 유지하지만 실질적으로는 두 개의 서로 다른 종족구역으로 분할되는 것이었다. 여기서 스웨덴의 만평가는 분쟁의 책임을 안고 있는 세 명의 주요 정치인이 산처럼 쌓인 해골 더미의 정상에서 죽음의 깃발을 꽂고 있는 그림을 통해 이 조약의 패러독스를 비난하고 있다. 이들의 제스처는 제2차세계대전 당시 1945년 2월 23일, 일본 이오지마에 미국 국기를 꽂는 역사적 행위를 재현하고 있다.

펠릭스 푼타리치의 만평
크로아티아, '베스니크 Vjesnik', 1992년

"이 동네엔 여전히 인디언들이 사는 모양이야!"

리베르의 만평
스웨덴, '스벤스카 다그블라데트 Svenska Dagbladet', 1995년 11월 23일

푼타리치는 붉은 코를 가진 작은 인물을 그의 만평에 등장시키면서 펠릭스라는 이름으로 작품을 발표해왔다. 1995년부터 펠릭스는 크로아티아에서 매우 인기 있는 전국 일간지 '베스니크'의 마지막 페이지를 장식했다. 푼타리치는 전쟁터를 배경으로 그린 뒤 군인들에게 엄습하는 공포를 표현하기 위해 땅굴에서 밤을 보내는 병사를 등장시킨다. 이처럼 등장인물을 매우 특수한 무대에 자리잡게 함으로써 이들을 내부적 이방인으로 만들어버린다. 그리고 이 상황과 무관하게 무의미하고 부조리한 화자의 말 한마디는 이 황당한 전쟁의 상황으로부터 화자 스스로 심리적 거리를 두게 한다.

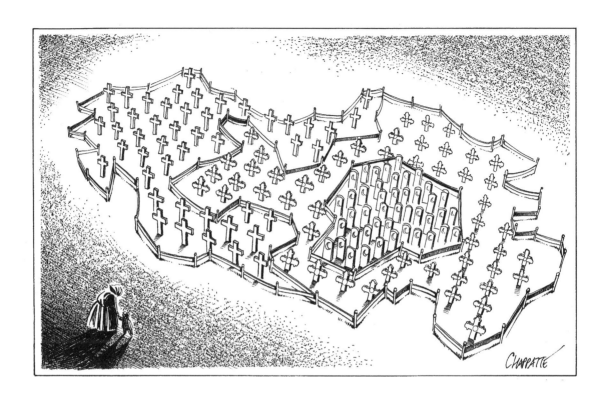

샤파트의 만평
스위스, '르 탕', 1991년

전쟁과 종족청소가 초래한 피해를 바라보는 노파와 손자의 이미지는 매우 슬픈 광경이다. 이 묘지는 유고슬라비아의 지도 모양을 띠고 있으며 분해된 나라의 다양한 지역을 표시하고 있다. 이 만평에서 샤파트는 구 유고슬라비아인을 구분짓는 기준을 표현하고 있는데, 언어보다는 종교적 차이가 크게 드러남을 나타낸다. 세르비아인에게는 그리스정교 십자가를, 크로아티아인에게는 가톨릭 십자가를, 보스니아의 이슬람교도에게는 초승달이 새겨진 묘비를 그렸다. 해당 종족을 중심으로 만들어진 공화국의 지도자들이 영토분할 계획을 제대로 실현하더라도, 각각의 종교는 자신만의 영토를 갖게 되겠지만 그 영토를 누릴 수 있는 산 사람은 없을 것이라는 뜻이다.

리델의 만평
영국, '가디언', 1993년

좌측 "더이상의 말은 그만, 전투를 재개합시다."

큰 군인 크로아티아계

중간 군인 세르비아계

작은 군인 이슬람계

우측 "충분히 싸웠어, 이젠 협상을 벌여야지."

모자 위 NATO(북대서양조약기구)

철모 위 UN(국제연합)

외투 위 EC(유럽공동체)

중간 보스니아

'인디펜던트'에서 근무하다 일요 신문인 '옵서버Observer'로 옮겨 유명한 캐리커처 작가가 된 리델은 이 만평에서 보스니아 헤르체고비나에 관한 상황의 부조리를 지적한다. 국제사회는 세르비아의 무력정책을 비난하면서도 실제로 이를 종결시키기 위한 군사개입은 주저하는 상황이었다. 1993년에는 두 가지 계획이 제안되었는데, 첫째는 보스니아 헤르체고비나를 열 개의 자치구로 분리하는 안이고, 둘째는 세르비아인, 크로아티아인, 보스니아 헤르체고비나인의 삼자연합을 구성하는 안이다. 첫번째 계획은 보스니아의 세르비아계 지도자인 라도반 카라지치가 거절했고, 두번째 계획은 보스니아의 이슬람교 대표인 이제트베고비치가 거부했다. 다른 한편, NATO와 유럽집행위원회의 지원을 받는 UN 평화유지군은 현장에 평화를 가져오는 데 실패했다. 전쟁 상황이란 게 항상 그렇듯이 싸우기로 결정하는 사람들은 서로를 잘 알며, 자신은 절대 죽지 않는다. 그리고 전투를 하는 자들은 서로를 모르는 상황에서 싸우고, 결국 죽음을 맞이하게 된다.

콘래드가 해골 위에 UN 평화유지군의 철모를 그렸을 때, 그는 이미 퓰리처상을 세 번이나 수상한 세계 만평계의 거목이었다. 탈냉전 시대에 UN은 평화유지 활동을 추진하는 데 핵심적인 행위자로 등장했지만, 구 유고슬라비아에서는 자신의 역할을 제대로 수행하지 못했다. 1991년 9월부터 유고슬라비아 분쟁에 개입하기 시작한 UN은 외교와 인도주의, 그리고 군사 분야에서 다양한 정책을 폈다. 그럼에도 불구하고 UN의 분쟁 관리는 적절하지 못한 것으로 드러났으며, 그 원인은 여러 곳에서 찾을 수 있다. UN 안전보장이사회 소속 국가 간의 정치적 대립, '평화 유지' 독트린에 대한 불충분한 고민, 지나치게 느린 명령 체계, 그리고 마지막으로 UN이라는 제도 자체의 구조적 문제 등이 주요 원인이다.

THE WORLD'S LAST BEST HOPE FOR MANKIND.

콘래드의 만평
미국, 1991년

철모 위 UN

그림 아래 인류를 위한 마지막 최고의 희망

성경에 나오는 구절을 인용해 빌럼은 보스니아 헤르체고비나의 세르비아계 민족주의가 초래하는 피해를 비난하고 있다. 이들은 종족별로 구분된 영토를 구성하는 것을 목표로 삼아 이를 위해 종족청소를 추진하게 되었으며 폭력을 그 수단으로 사용했다. 이 잔인한 종족정책의 정점은 1995년 7월 스레브레니차 학살이다. 라트코 플라디치 장군 주도로 보스니아의 세르비아계 군대는 UN의 보호하에 보스니아 동부의 도시에 피란해 있던 8천여 명의 이슬람교도를 3일 동안 기관총으로 학살했다.

빌럼의 만평
프랑스, '리베라시옹Libération', 1990년대

보스니아: 민족주의의 씨를 뿌리는 자는 죽음을 거두리라.

BOSNIE: QUI SÈME DU NATIONALISME, RÉCOLTE DES CHARNIERS

1991. 12. 25
미하일 고르바초프의 사임
소련 제국의 멸망

미하일 고르바초프가 사임한 다음날인 1991년 12월 26일, 소비에트연방공화국은 수립 69년 만에 붕괴했다. 소련의 붕괴는 너무나 급격하고 확실하게 이뤄졌기에 이를 예측했던 국제 전문가가 없을 정도였다. 붕괴 나흘 전, 과거 소련에서 독립한 15개의 공화국 중에서 11개국의 참여로 알마아타 협정을 통해 독립국가연합이 형성되었다. 소련의 유산이 여전히 러시아의 사고방식과 구조를 지배하고 있었지만, 독립국가연합은 이제 속이 비고 불필요한 껍데기로 남았다. 양극의 냉전 시대가 가고, 1991년 미국은 이제 세계 유일의 초강대국이 되었다.

리베르의 만평
스웨덴, '스벤스카 다그블라데트', 1991년 12월 18일

리베르는 두 단계의 마술을 통해 고르바초프의 정치 역정을 묘사했다. 첫번째 마술은 공산주의의 붕괴를 일으켰고, 두번째 마술은 고르바초프 자신이 사라지는 마술이었다. 그는 1985년 3월, 공산당 총서기로 선출되어 페레스트로이카라는 경제개혁과 글라스노스트라는 정치적 투명성을 추진함으로써 개방정책을 통해 시스템을 구하려고 시도했다. 그러나 시스템 내부에서 시작된 개혁의 시도는 경제, 정치, 사회적으로 엄청난 변화를 초래했고 결국은 공산주의 붕괴를 가져왔다. 마침내 시스템은 폭발했고, 주변부의 공화국은 독립을 주장했다.

미하일 고르바초프는 소련의 미래를 보장하기 위해 내부 개혁을 시도했다. 그러나 소련의 주변부에서는 소수민족의 공화국들이 민족주의 바람을 타고 독립을 추진했고, 특히 내부적으로도 고르바초프는 비판에 직면하게 되었다. 1991년의 러시아를 뒤흔드는 정치, 경제, 사회적 위기를 표현하기 위해 안토니오는 고르바초프의 트레이드마크라고 할 수 있는 이마의 점에서 시위대가 밀려나오는 모습을 그렸다. 1991년 8월 19일에는 공산당 내부의 보수집단이 그를 축출하려는 쿠데타를 시도했으나 당시 러시아 연방의 대통령으로 당선된 보리스 옐친의 개입으로 실패했다. 그러나 결론적으로 쿠데타 시도와 옐친 모두가 소련의 운명을 종결시키는 역할을 한 셈이다.

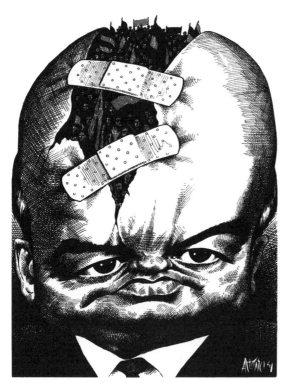

안토니오의 만평
포르투갈, 『엑스프레소Expresso』, 1991년

코락스의 만평
유고슬라비아,
'보르바Borba', 1991년

1988년 12월 7일, 고르바초프가 동독과 헝가리, 그리고 체코슬로바키아에 주둔하는 소련군을 축소하겠다고 발표함으로써 동유럽 위성국가의 제한적 주권을 주장하던 브레즈네프 독트린은 종결되었다. 소련이 이처럼 동유럽에서 발을 빼기 시작하면서 결국은 모스크바의 군사력과 그 힘에 기초한 강제력이 흔들리기 시작했다. 코락스의 이 만평은 초강대국 소련의 분해가 연방을 구성하는 다양한 민족의 무력 항쟁에 의한 것이 아니라 내부의 정치적 투쟁에 의한 것이라는 사실을 잘 보여준다.

"각하, 당신 차례입니다!"

1989년 1월에 **취임한 조지 부시는** 백악관의 전임자 로널드 레이건과 미하일 고르바초프가 시작했던 미소 대화를 지속했다. 이 둘은 1987년 12월 8일, 유럽에 배치한 중간단계 미사일을 3년 이내에 모두 제거하기로 역사적 합의를 이끌어 냈었다. 슈랑크는 이 그림에서 자신만의 어두우면서도 날카로운 스타일로, 부시와 고르바초프를 체스판을 사이에 두고 앉혔다. 여기서 부시는 고르바초프의 전략에 놀라 당황하는 모습이 역력하다. 이로부터 1년 뒤, 소련 공산당의 마지막 총서기인 고르바초프는 군비 축소 노력과 냉전을 종결시키는 데 대한 중요한 기여를 인정받아 노벨평화상을 받았다.

1992. 1. 11
이슬람주의 위기
알제리 폭력사태의 시작

1991년 12월 26일, 알제리에서는 이슬람구국전선FIS*이 총선 제1차 투표에서 승리를 거둠으로써 국제사회를 놀라게 했다. 이 이슬람주의 정당은 47%의 득표율을 보였는데, 이는 30년간 알제리를 통치해온 민족해방전선FLN**의 뼈아픈 패배를 의미했다. 이로써 이슬람 세력이 의회를 지배하고 정권을 차지하게 될 가능성이 보이자 군부는 자신의 이익을 지키기 위해 행동에 돌입했다. 선거 2주 뒤인 1992년 1월 11일, 군부는 샤들리 빈 자디드 대통령이 사임하도록 강요했다. 그러고는 권력의 공백을 이유로 총선의 결선투표를 취소했다. 결국 선거 과정이 중단된 것이다.

---

* 1988년에 이슬람 지도자들이 규합해 결성한 이슬람 원리주의 무장단체. 서구세력의 지원을 받는 군사정권을 이슬람의 적으로 표명하고 정부를 전복해 이슬람 국가를 건설하는 것을 목표로 한다.

** 프랑스로부터 독립하기 위해 1954년에 결성된 독립투쟁단체. 독립 후 유일한 합법 정당으로서 장기 집권하다 1989년 2월에 복수정당제가 채택되면서 일당 체제는 막을 내린다.

르프레드투롱의 만평
프랑스, 『라 그로스 베르타La Grosse Bertha』, 1992년

그림 위 알제리의 혼란
"더러운 털보 녀석!"
"더러운 민둥이 녀석!"
그림 아래 털보와 민둥이가 위험에 처했다.

제1차세계대전 시기 독일의 대포 이름을 딴 『라 그로스 베르타』는 1991년부터 1993년까지 출판된 반군사주의 풍자 잡지로, 『샤를리 에브도』의 초기 정신과 유사하다. 여기서 르프레드투롱은 턱수염에 이데올로기적 상징의 성격을 부여하는 이슬람주의자들을 조롱한다. 이 그림은 알제리에서 일어난 이슬람주의자들의 항거에 주목하면서, 법적으로 알제리 제1정치세력으로 등장한 이들에 대해 성찰하도록 주문한다. 1992년 2월, 알제리 전국에 비상사태가 선포되었고 턱수염을 기른 사람은 이슬람구국전선의 지지자로 의심받게 되었다. 이들은 수염을 길렀다는 단순한 사실 때문에 체포될 수 있다는 두려움으로 외출조차 하지 못하는 것으로 알려졌다. 이렇게 시작한 내전은 10년간 15만 명의 사망자를 양산했다.

VICTOIRE DES ISLAMISTES EN ALGÉRIE:

딜렘의 만평
알제리, '리베르테Liberté', 1992년

알제리에서 이슬람 세력 승리
1991년: 투표
1992년: 수배

카빌족 출신의 유명한 캐리커처 작가인 딜렘의 스타일은 언제나 직접적이면서 도전적
이다. 그의 유머는 쿠데타 이후 알제리에서 벌어지는 상황의 복합성을 잘 이해할
수 있도록 도와준다. 1962년 독립 이후 꾸준히 유지된 단일정당 체제는 새로운
헌법으로 인해 붕괴되었고, 그에 따라 1989년 3월에는 이슬람구국전선이 창설되
었다. 이슬람구국전선은 프랑스인들이 떠난 뒤 지속적으로 권력을 유지해온 민
족해방전선의 정권을 무너뜨리는 것이 목적이었고 궁극적으로 이슬람주의 국가
를 수립하려 했다. 정부의 합법화 조치에 따라 등장한 이슬람구국전선은 급속하
게 알제리 정치를 지배하기 시작했다. 그러나 1992년 3월, 다시 군부에 의해 해
체되면서 이슬람구국전선은 지하활동으로 전환하게 되었다. 이 과정에서 이슬람
세력의 두 지도자인 아바시 마다니와 알리 벨하지가 체포되었고, 수천 명의 당원
과 지지자도 수감되었다.

이 그림은 이슬람구국전선의 이슬람주의자들과 국군 사이에서 신음하는 알제리 국민의 어려운 상황을 요약하고 있다. 슈투트만은 4년간 지속되어온 내전의 고통을 겪으며 이제는 폭력의 중단을 요구하는 알제리 국민에 대한 관심을 불러일으킨다. 특히 당시 이슬람 세력의 분파인 이슬람구국군^{AIS}과 이슬람무장그룹^{GIA}의 대립은 최고조에 달했다. 1995년 말에 예정된 대통령 선거는 정권의 정통성을 강화하기 위한 목적이었지만, 실제로는 긴장과 폭력을 강화했으며 공공장소에서의 암살이나 자동차 폭발 테러 등의 행동으로 이어졌다. 11월에는 정부가 대대적인 군사행동에 돌입해 불과 몇 주 만에 수천 명의 희생자를 냈다.

클라우스 슈투트만의 만평
독일, '디 타게스차이퉁', 1995년

알제리의 시련…

Heimsuchung in Algerien…

빌럼의 만평
프랑스, 「샤를리 에브도」, 1993년 11월 3일

알제리에서 대화를 향한 진전
"마음을 열기 시작했어."

「샤를리 에브도」 1쪽에 실린 빌럼의 이 그림은 1993년 말 다양한 군사세력 간의 입장이 얼마나 복잡한지 보여준다. 알제리 정부는 이슬람구국전선과 깊은 협상 과정에 돌입했지만, 이들은 군부와의 접촉을 거부하면서 무장투쟁을 지속하고 있었다. 이러한 대화 시도가 실패하자 전선 내부에는 이슬람구국군이라는 새로운 조직이 생겨났다. 다른 한편, 그 전해에 만들어진 이슬람무장그룹이 전선에서 탈퇴함으로써 새로운 상황이 전개되는 중이었다. 결국 두 개의 서로 다른 전략이 충돌하는 국면이 나타났다. 이슬람구국군은 국가에 제한된 폭력을 주장한 반면, 이슬람무장그룹은 민간의 대표적인 주요 인사를 포함한 다양한 권력의 대표들을 무차별적인 폭력의 대상으로 삼았다.

51

1992. 4. 29
로스앤젤레스 폭동
'숨은 미국'의 도시 전쟁

1991년 3월 3일, 로스앤젤레스에서는 로드니 킹이라는 흑인이 체포되었고, 그가 네 명의 백인 경찰로부터 두들겨맞는 장면이 아마추어 비디오작가에 의해 녹화되어 알려지는 사건이 발생했다. 가해 경찰들은 폭행 및 과도한 무력 사용으로 기소되었으나 1년 뒤인 1992년 4월 29일, 10명의 백인과 1명의 히스패닉, 그리고 1명의 아시아계로 구성된 배심원단에 의해 풀려났다. 당일 사법부의 결정이 인종차별적이라고 느낀 10만여 명이 시위에 참여했고 이 사태는 폭동으로 발전했다. 나흘 동안 폭력과 방화, 약탈이 도시 전체에서 벌어졌다. 결국 통행금지 조치가 내려졌고 6일째가 돼서야 해제되었다. 그동안 60여 명의 사망자와 2천여 명의 부상자가 발생했다.

아렌트 판 담의 만평
네덜란드, 『우리 시대의 가장 훌륭한 국제 정치 만화』, 1993년

아메리칸드림

아렌트 판 담은 캘리포니아 주에 있는 디즈니랜드의 상징인 '숲속의 잠자는 공주 성'을 사용해 불타는 아메리칸드림을 표현했다. 미국의 대중은 이 사건을 통해 꿈에서 제외된 사람들, 도시 아메리카의 빈민들에 대한 인식을 갖게 되었다. 폭동이 일어난 지역은 사우스센트럴 지역으로 로스앤젤레스의 흑인 인구 가운데 3분의 2가 밀집되어 있는 곳이다. 이 지역은 자동차와 철강 산업의 점진적인 쇠퇴로 인해 실업이 기승을 부리는 사회적 상황을 맞고 있었다. 흑인 공동체의 가장 취약한 계층을 대표하는 폭동세력은 백인이 지배하는 사회, 그리고 아시아와 라틴아메리카에서 새롭게 들어온 이민자 세대와 경쟁을 벌여야 하는 상황에 대한 증오를 폭력으로 표현했다.

1992. 6. 3
지구정상회의 제1장
리우데자네이루

1992년 6월 3일부터 14일까지 리우데자네이루에서는 UN의 주관으로 환경과 발전에 관한 국제회의가 개최되었는데, 이는 환경이라는 쟁점에 대한 국가들의 새로운 집단적 대응능력을 보여주는 사건이었다. 1972년에는 스웨덴 스톡홀름에서 최초로 지구정상회담이 열렸고, 환경문제가 국제사회의 우선적 고려사항으로 처음 등장한 바 있다. 20년 뒤 결론은 비교적 명확해졌다. 모든 장기적 경제발전은 환경보호에 기초해야 하며 지구를 파괴하는 형식은 피해야 한다는 인식이 제기됐다. 국제회의의 쟁점은 바로 세계적 차원에서 지속 가능한 발전을 추구하기 위한 수단을 정의하는 것이었다.

클라우스 슈투트만의 만평
독일, '데어 타게스슈피겔^{Der Tagesspiegel}', 1992년

"5분 이내에 리우에 도착할 예정입니다."

대단한 시각적 효과를 불러일으키는 이 그림의 하단에서 슈투트만의 서명을 발견할 수 있다. 리우 정상회의의 목표는 환경 분야에서 각국의 권리와 의무를 규정하는 것이었는데, 네덜란드 출신의 만평가는 그림을 통해 회의에 참석하는 국제 지도자들의 개인적인 책임을 꼬집고 있다. 1972년 스톡홀름 정상회의에는 두 명의 국가원수만이 참여한 데 비해 리우 회의는 그때까지 개최된 정상회의 중에서 가장 많은 백 명 이상의 정상들이 참여했다. 항공교통은 승객당 공해 발생 비중이 매우 높음에도 불구하고 모든 정상은 브라질까지 비행기로 이동했다. 게다가 170여 개국을 대표하는 사람들과 1천여 개의 NGO를 포함해 총합 3만 명이 넘는 사람이 정상회의에 참여하기 위해 비행기를 타고 리우데자네이루로 왔다.

피켓 위 **지구정상회의**
어쩌고저쩌고…
그림 아래 **이산화탄소 배출**

리우 회의는 기후변화에 관한 국제연합기본협약
UNFCCC을 추진했다. 이 조약의 목표는 대기 중
온실가스 농도를 유지하는 것이었고, 선진산업
국과 개발도상국에 대한 책임을 구분해 적용했
다. 이 조약의 원칙에 따르면 선진산업국은 기후
변화를 방지하기 위한 투쟁에서 모범적 역할을
해야 한다. 1997년에는 기후조약을 확대하는 의
정서가 교토에서 체결되었는데, 온실가스 배출
을 축소하기 위해 법적 의무를 규정하려는 목적
이었다. 쇼트는 암스테르담에 앉아 리우에서 진
행되는 회의와 논쟁의 성격을 비난하면서, 결국
많은 논쟁이 불필요한 공해를 만들어내고 있는
것이 아닌지 의문을 제기하고 있다.

**기후변화나 생물의 다양성에 관한 논
의와 마찬가지로** 숲의 관리에 대해서
도 리우는 법적 의무조약을 체결하는
데 실패했다. 기본적으로 두 개의 시
각이 서로 대립했는데, 하나는 선진
산업국의 시각으로 열대림의 관리를
강조하는 접근법이었고, 다른 하나
는 개발도상국의 시각으로 온대와 북
극의 숲을 모두 포괄하는 접근법이었
다. 미엘의 이 아름다운 그림은 두번
째 시각을 대변하고 있다. 당시 말레
이시아는 남부 국가의 입장을 적극적
으로 대변하고 있었다. 게다가 필리
핀 출신의 미엘은 자국의 숲이 난폭
한 벌목의 대상이 된 경우를 잘 알고
있었다. 정상회의는 숲을 생태적으로
보호하는 관리 원칙에 대한 의무적
체결 조약을 성사시키는 데 실패했
고, 단지 선언적 협의만을 이루었다.

CO² EMISSIONS

1993. 9. 13
오슬로협정
이스라엘과 팔레스타인해방기구, 최초의 상호인정

1993년 봄, 노르웨이 외교부의 중재를 통해 팔레스타인과 이스라엘이 비밀협상에 돌입했다. 그 결과로 1993년 9월 13일, 워싱턴 백악관에서 이스라엘 총리 이츠하크 라빈과 팔레스타인해방기구의 집행위원장 야세르 아라파트가 서로를 인정하는 원칙을 공식적으로 선언하게 되었다. 또한 과도기적 조치로서 팔레스타인 자치정부를 수립할 수 있도록 합의했다. 오슬로협정은 이스라엘과 팔레스타인해방기구가 처음으로 서로를 인정했다는 점에서 이스라엘–팔레스타인 분쟁의 역사에서 유일무이한 순간이라고 할 수 있다.

레바논의 만평가는 평생을 적으로 지내왔던 야세르 아라파트와 이츠하크 라빈이 빌 클린턴 미국 대통령의 주도 아래 백악관 정원에서 역사적인 악수를 나누는 장면을 본 국제 여론이 얼마나 놀랐는가를 표현하고 있다. 인티파다Intifada라고 불리는 팔레스타인의 반란이 6년이나 지속된 뒤 이제 처음으로 중동에 장기적인 평화를 수립할 수 있는 가능성이 생긴 것이다. 미국은 제1차 걸프전에서 아랍 동맹국들에게 했던 약속, 즉 쿠웨이트를 해방시킨 다음 이스라엘과 팔레스타인의 분쟁을 해결하겠다는 약속을 지킬 수 있게 되었다. 1991년의 마드리드 회담은 이스라엘과 레바논을 포함한 아랍 국가들 사이에 협상을 시도한 첫번째 사례였다. 그로부터 2년 뒤 오슬로협정을 통해 새로운 시대가 열리는 셈이었다.

LA SIGNATURE D'OSLO ENTRE ISRAELIEN ET PALESTINIEN

제브의 만평
이스라엘, '하아레츠', 1993년 9월 6일

에후드 바라크의 군복 위 이스라엘군 참모총장
통닭 위 팔레스타인해방기구와의 원칙적 협약

야세르 아라파트와 이츠하크 라빈 간의 역사적인 악수가 이뤄지기 전날, 이스라엘의 만평가는 시몬 페레스 외무장관이 이츠하크 라빈 총리에게 그가 먹을 요리를 보여주는 그림을 그렸다. 오슬로협정의 주요 협상 인물인 페레스 장관이 총리에게 그 결과를 소개하는 순간, 이스라엘군 참모총장 에후드 바라크가 접시에 들어가 총리에게 따지는 모습을 발견하게 되는 것이다. 같은 해 바라크는 라빈 총리의 지시하에 레바논 남부의 헤즈볼라* 세력을 공격하는 군사적 개입을 주도한 바 있다. 이 개입은 1982년에 이스라엘이 레바논을 점령한 이후 가장 중요한 군사작전이었는데, 이렇다 할 성공을 거두지는 못했다. 오슬로협정을 준비하는 과정에서 에후드 바라크는 이스라엘군의 재배치를 주도하게 되었고, 그후에는 군복을 벗고 노동당에 들어가 정치를 시작했다.

---

* 레바논의 이슬람 시아파 무장세력. 레바논 남부를 점령한 이스라엘 추방, 시아 이슬람 국가 건설, 서구세력 배제 등을 목표로 테러를 벌였고 이스라엘 철군 후 정당으로 탈바꿈했다.

오슬로협정은 궁극적으로 팔레스타인의 국가 설립을 가정하는 영토의 타협에 기초한다. 샤파트는 이 그림에서 평화의 과정이 중단된 상황을 지적한다. 평화의 과정을 진행하기 위해서는 다양한 중간 조치가 이뤄져야 하는데, 이는 권력의 이양을 뜻하는 것이었고 그 때문에 매우 어려울 수밖에 없었다. 게다가 노동당 정부와 팔레스타인해방기구는 각각 이스라엘과 팔레스타인 진영의 다른 정치세력의 압력에 노출되었다. 협약의 첫 단계는 가자 지구와 예리코 지역에서 팔레스타인의 자율성을 확보하는 것이었고, 두번째 단계는 1996년까지 요르단 강변과 가자의 최종적 지위를 결정하는 것이었다. 그러나 이스라엘 총선에서 보수적인 리쿠드당이 승리했고, 그에 따라 정치적 환경은 악화되었다. 결국 오슬로 '모멘텀'은 종결된 것이다.

샤파트의 만평
스위스, '르 탕', 1999년 11월 2일

`플래카드 위` 다음의 역사적 악수
`무대` 서아시아의 평화

1993. 12. 2
파블로 에스코바르의 죽음
세계 마약 무역 지도의 재편

콜롬비아 정부는 16개월 동안 추적한 끝에 파블로 에스코바르를 사살했다. 메데인 카르텔*의 수뇌인 에스코바르는 1970년대 말부터 콜롬비아 코카인의 북미, 특히 미국으로 향하는 수출과 유럽이나 아시아 지역으로의 수출을 '통제'해왔다. 일부 추산에 의하면 1980년대 말 세계 코카인 무역의 80%를 에스코바르의 범죄조직이 관리한 것으로 알려졌다. 마약 거래의 가장 강력한 권력을 쥐고 있던 자의 죽음은 세계 마약 거래사에 하나의 단절을 가져왔다. 이 시기 마약시장은 세계화의 움직임과 함께 커다란 변화를 경험하게 되었다.

---

* 콜롬비아 메데인에 근거지를 둔 마약 밀매 범죄조직.

카하스의 만평
에콰도르, '엘 코메르시오',
1993년 12월 5일

하늘로 눈을 돌리며 파블로 에스코바르는 자신을 기다리고 있는 최후의 심판에 대해 궁금해하는 것일까. 모자의 해골과 폭탄, 그리고 기관총을 통해 카하스는 이 피비린내 나는 자가 저지른 모든 종류의 범죄를 지적하고 있다. 특히 콜롬비아와 에콰도르에서 영향력이 무척 강한 가톨릭교에 의하면 에스코바르는 자신의 죄에 대해 책임을 져야 한다. 그는 콜롬비아 정계에서 축출된 이후 수많은 경찰과 기자, 법관, 심지어 1989년의 대선 후보 3명을 살해하도록 지시했다. 같은 해 미국의 『포브스』는 그를 세계 일곱번째 부호로 지목했다. 그는 1991년 6월, 콜롬비아 사법부로부터 미국으로 범죄인 인도를 하지 않겠다는 약속을 받고 순순히 체포되었지만 이듬해 감옥에서 탈출했다. 그리고 미국의 도움으로 무장한 콜롬비아 경찰은 1993년 12월 2일에 그를 사살했다.

마약 거래 소탕에 대한 콜롬비아 정부의 투지와 의지를 보여주었던 파블로 에스코바르의
사살 뒤 멕시코 시날로아 지역에서는 티후아나와 후아레스 카르텔이 생겨났다. 13년
뒤인 2006년 12월, 멕시코의 펠리페 칼데론 대통령은 군부를 적극 개입시켜 '마약 거
래와의 전쟁'을 선포했다. 이 전쟁을 통해 멕시코 정부는 다양한 카르텔이 지배하는
영토를 되찾으려 했고 코카인, 헤로인, 대마초 등의 유통조직을 해체하려 했다. 쿠바
에서 멕시코로 망명 온 볼리간의 그림은 일반적으로 마약 거래에 대한 투쟁의 문제를
다룬다. 그의 시각에서 볼 때 마약 전쟁에서 국가들이란 풍차 앞에서 겁먹은 돈키호
테와 크게 다를 바 없다는 것이다.

네릴리콘의 그림은 보다 상세하게 멕시코에서 일어난 마약 거래 조직과의 '전쟁'을
다루고 있는데, 범죄조직과 정부 사이의 힘이 불평등하다는 사실을 신랄하게 지적한
다. 국가를 대표하는 미니 탱크 앞에서 마약 거래상인 골리앗은 히죽거리고 있는데,
이것은 거래의 규모와 부패의 정도를 감안할 때 얼마나 어려운 싸움인지를 드러낸다.

네릴리콘의 만평
멕시코, '밀레니오Milenio', 2006년 12월 14일

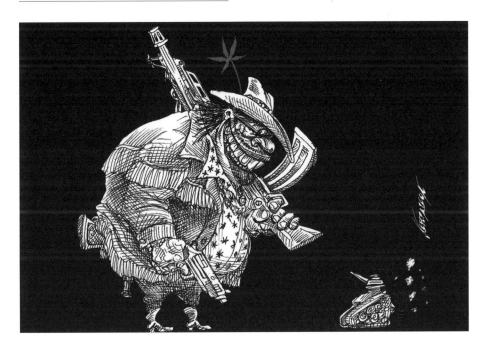

1994. 4. 6
르완다
인종 학살의 광기

4월 6일, 후투족이었던 르완다 대통령의 비행기가 격추되었다. 그러자 이튿날부터 후투족은 투치족에 대한 학살을 시작했다. 이에 대응하여 투치 망명인으로 구성된 반정부세력 르완다애국전선RPF은 군사적 반격을 시작했고 7월 4일에는 정권을 획득하기에 이른다. 4월과 7월 사이 르완다군대FAR가 조직한 민병대에 의해 자행된 체계적인 학살은 50만에서 1백만 명의 투치족 희생자를 초래했다. 7월 중순, 정부와 르완다애국전선의 위협이 고조되자 50만에서 80만의 르완다인들이 인근 자이르로 도망갔고, 그곳에서는 피해자와 가해자가 같은 곳에 수용되는 일이 벌어졌다.

투치족에 대한 학살은 이에 반발하는 후투족에 대한 학살로 이어졌다. 이 종족청소 정책은 매우 오래된 전략으로서, 소수족인 투치에 대한 종족적 거부감을 자극하는 극단주의적 정치군사 조직들이 만들어낸 결과다. 식민 시기부터 1962년 독립 이후의 시기까지 르완다 인구의 현실과 그에 대한 인식 사이에는 점진적으로 커다란 괴리가 생겨났다. 하흐펠트의 만평에서 거대한 무덤 아래에 등장하는 UN 평화유지군은 비효율성을 상징한다. UN군은 인종학살 초기부터 르완다에 주둔하고 있었지만 이를 막지 못했다. 게다가 이들의 수는 4월과 5월에 오히려 축소되었다. 왜냐하면 UN군의 임무가 양측 사이에서 중간 지역을 형성하는 소극적인 방향으로 재규정되었기 때문이다.

하흐펠트의 만평
독일, '노이에스 도이칠란트Neues Deutschland', 1994년

샤파트의 만평
스위스, '르 탕', 1994년

통통*의 모험
르완다의 통통
자동차 우측 계약
자동차 좌측 프랑스의 국익

샤파트는 이 만평에서 유명한 만화 『콩고에 간 땡땡Tintin au Congo』을 재해석하는데, 르완다 사태에 대한 프랑스 대통령 프랑수아 미테랑의 역할을 비난하기 위한 작업이다. 프랑스 군대는 후투족 대통령의 요청으로 투치족의 공격을 막기 위해 3년간이나 르완다에 주둔했다. 따라서 프랑스는 이 군사적 개입을 순수한 인도주의적 목적을 위한 것이라고 선전하기는 어려웠고 오히려 식민주의적 성격이 강했다. 게다가 프랑스는 후투의 임시정부를 인정했던 유일한 국가였기 때문에 군사적 개입 자체가 인종학살 정권에 대한 간접적인 지원 양상을 띠었다. 결국 6월 22일부터 8월 21까지 UN의 깃발을 들고 프랑스의 주도 아래 진행된 튀르쿠아즈 작전은 피해자와 가해자의 차이를 두지 않고 '민간인을 보호'한다는 목표로 얼버무려졌다.

* 프랑스어로 '아저씨'를 의미하는 '통통tonton'은 미테랑의 별명이었다.

1994. 12. 11
체첸의
첫번째 전쟁

1991년 11월, 체첸-인구시 소비에트 사회주의 자치공화국Chechen-Ingush ASSR의 동부가 일방적으로 독립을 선언했다. 이 지역은 석유와 가스가 풍요롭게 매장되어 있는 것은 물론, 아제르바이잔과 러시아 사이의 중요한 석유관이 통과하는 전략적 장소다. 보리스 옐친은 빠른 승리를 예측하고 군사공격을 감행했다. 그러나 체첸의 게릴라는 러시아군을 곤경에 빠뜨렸고, 결국 모스크바는 군대를 철수하는 대가로 휴전을 협상할 수밖에 없었다. 1996년 8월 31일, 하사뷰르트 협정*은 체첸의 독립 문제를 해결하지 못한 채 전쟁을 종결지었다.

* 체첸-러시아 제1차 전쟁에서 러시아가 패배한 하사뷰르트에서 맺은 휴전협정.

안드레이 빌조의 만평
러시아, '콤메르산트Kommersant', 1990년대

"자, 발 하나는 이쪽으로, 다른 하나는 저쪽으로!"

정신과 의사 출신이자 러시아의 유명한 만평가인 안드레이 빌조는 텔레비전 채널 NTV의 〈이토고Itogo〉라는 풍자 방송에 참여해 당대의 문제에 대해 아이러니 가득한 스케치를 그리는데 그야말로 컬트의 대상이다. 이 만평에도 그의 마스코트와 같은 페트로비치라 는 인물이 등장한다. 언제나 놀란 표정의 이 작은 남자는 소비에트 사회의 일반인을 지 칭하는 소보크sovok의 이미지에서 비롯되었다. 만평 속에서 전통의상을 입고 있는 페트 로비치는 지뢰밭 한가운데에서 침착하게 커피를 마시는 러시아연방군 장교의 명령을 받는 중이다. 이 그림을 통해 빌조는 세계에서 지뢰 밀도가 높은 곳 중 하나인 체첸의 상황이 얼마나 부조리한가를 보여준다. 만평가의 황당함이 고스란히 드러나 있는 이 지 뢰밭은 미래를 담보로 하는 재앙이다.

모이어의 만평
호주, '시드니 모닝 헤럴드', 1991년 9월 6일

소리 꿀꺽꿀꺽
병 위 복수
서류 위 체첸

1991년 9월 6일, 소비에트 사회주의 공화국과 모스크바의 혼란을 틈타 체첸의 독립주의자들은 체첸-인구시 공화국의 최고 소비에트 회의를 중단시키고 그로즈니*에서 권력을 쟁취했다. 과거 소련군 장군 출신의 조하르 두다예프**는 신생 체첸 공화국의 실질적 실력자로 등장했다. 세 달 전에 러시아연방 초대 대통령으로 당선된 보리스 옐친은 두다예프를 권좌에서 끌어내림으로써 러시아가 과거의 세력을 잃지 않았다는 사실을 러시아 국민에게 보여주고 싶어했다. 모이어는 이 만평에서 '복수'의 묘약 삼아 술을 마시는 옐친을 보여준다.

* 체첸의 수도.

** Dzhokhar Dudayev(1944~1996). 체첸의 독립을 선포하고 체첸-러시아 1차 전쟁을 이끌어 체첸 독립운동의 영웅으로 평가받는다.

튜닌의 만평
러시아, '모스콥스키예 노보스티Moskovskiye Novosti', 1997년 5월 18일

튜닌이 이 그림을 게재했을 때 러시아군은 이미 1년 전에 체첸 영토에서 철수했다. 하사뷰르트 협약으로 체첸은 실질적 자치권을 확보했지만 위상에 대한 정식 정의는 연기되었고, 결국 장기적인 평화가 정착되었다고 말할 수는 없었다. 체첸 지역은 경제 및 사회적 위기가 지속되었고 무장세력이 공포를 조장하는 무정부 상태였다. 게다가 마피아 조직들이 지역에 침투함으로써 마약 거래가 횡행했고, 이슬람 극단주의인 와하브교가 들어와 외부세력이 성전聖戰을 벌이기 위해 투입되는 상황이었다. 1997년 1월에 새로 당선된 대통령은 정국을 통제할 수 없었다. 그사이 모스크바의 러시아군은 전쟁이 종결되지 않고 지속됨으로써 자신에게 복수의 기회가 주어지는 상황을 멀리서 즐기고 있었던 것이다.

1995. 6. 13
프랑스, 남태평양 핵실험 재개

무루로아Mururoa와 팡가타우파Fangataufa는 프랑스령 폴리네시아의 두 환초環礁로, 1966년 이후 프랑스가 대기 또는 지하 핵실험을 진행한 장소다. 냉전이 역사의 서랍 속으로 정리되고, 녹색주의 세력이 군사 핵에 대한 강력한 반대 캠페인을 벌이는 상황에서 프랑수아 미테랑은 1992년, 핵실험의 모라토리엄을 선언함으로써 다른 국가들도 프랑스의 뒤를 잇기를 기대했다. 그러나 1995년 봄에 당선된 자크 시라크는 모라토리엄을 중단하고 프랑스가 태평양에서 마지막으로 여덟 차례의 핵실험을 하겠다고 공표했다.

MURUROA

바우로의 만평
이탈리아, '일 마니페스토', 1995년

무루로아

1960년부터 1996년 사이 프랑스는 210 차례의 핵실험을 시행했는데, 그중 167번을 무루로아 환초 위의 하늘과 아래의 지하에서 실시했다. 이들 실험이 현지 주민에 미치는 영향을 강조하기 위해 바우로는 타히티 여성이 타무레 춤을 추는 모습을 해골이 태평양 섬의 천국에서 춤추는 이미지로 대체했다. 실제로 1995년에는 태평양 실험센터가 핵폐기물 관리의 기초적인 규칙도 지키지 않았다는 사실이 밝혀졌다. 지하 핵실험 장소에 방사능 튜브와 오염 물질이 저장되었다는 것이다. 비교해보자면 프랑스 본토의 경우 이러한 물질은 특별 보호대상인 지역에 300년간 저장된다. 또한 이들 폴리네시아의 지하창고는 핵실험으로 이미 취약해진 지점에 위치하고 있기 때문에 대양의 지층에 부분적인 변화가 일어나면 태평양을 방사능 물질로 오염시킬 위험을 안고 있다.

1995. 11. 4
이츠하크 라빈 암살
평화 과정의 중단

이츠하크 라빈 총리는 이스라엘과 팔레스타인 사이의 오슬로협정을 준비한 당사자 가운데 한 사람이다. 조약에 서명하고 2년 뒤 그는 이스라엘의 극단주의자에 의해 살해되었다. 암살자는 스물다섯 살의 대학생으로 텔아비브 도심에서 있었던 평화주의 시위 끝에 총리를 죽였다. 라빈은 6일전쟁*의 영웅이었지만 정치인으로 활동하면서 팔레스타인과의 평화에 대한 생각을 점차 새롭게 갖게 되었고, 기나긴 과정을 거쳐 공존 조약까지 맺었다. 결국 평화가 이스라엘의 생존을 위한 필수 조건이라는 사실을 알게 된 것이다.

---

* 1967년 6월 5일부터 6월 10일까지 벌어진 이스라엘과 주변 아랍국 사이의 전쟁. 당시 긴장 관계에 있었던 시리아와 이스라엘이 충돌하자 이집트를 비롯한 주변국들이 시리아를 지원했으나, 이스라엘은 기습공격을 펼쳐 6일 만에 완승을 거둔다.

side: avec l'autorisation de Dorit Farkash-Shuki et Naomi Farkash-Fink

제브의 만평
이스라엘, '하아레츠', 1995년 11월 6일

이 만평에서 나타나는 제브의 능력은 상세한 내용을 이미지를 이용해 현대적인 방식으로 **표현함으로써** 상황을 이해시킨다는 점이다. 이러한 기법은 이탈리아 만화 〈라리네아La Linea〉를 연상시키는데, 그 만화에서는 등장인물과 그의 세상이 간단하게 표현되어 있다. 왼편의 총알 세 개는 이츠하크 라빈에게 쏜 총알을 상징한다. 권총은 크게 열린 입에서 튀어나온 손에 쥐여 있다. 만평 우측의 얼굴은 한 외로운 사람의 행위로 위험에 처한 이스라엘과 팔레스타인의 대화를 상징한다. 이 세 발의 총알은 평화의 과정을 뒤집어엎으려는 목적을 달성했고, 동시에 이스라엘과 팔레스타인 관계의 역사적 흐름을 바꾸려는 목적도 이뤘다.

77

1996. 1. 8
프랑수아 미테랑의
죽음

프랑수아 미테랑이 엘리제 궁을 떠난 지 8개월 만인 1996년 1월 8일 파리에서 사망했다. 그는 제5공화국에서 대통령이 된 최초의 사회주의 정치인이었다. 1981년 대선 결선투표에서 민주연합 후보인 발레리 지스카르데스탱을 51.8%로 누르고 승리했다. 또한 1988년 대선에서는 공화국연합의 후보 자크 시라크를 54%로 누른 뒤 쉽게 재선되어 두번째 7년의 임기를 맞았다. 역사는 프랑수아 미테랑을 제5공화국의 위대한 정치인으로 기억한다.

카뷔의 만평
프랑스, 『샤를리 에브도』, 1996년 1월 10일

제목 우리는 정말 사랑했는데…
대화 "보수 꼴통!" "더러운 좌빨!"

미테랑 사망 이틀 뒤 『샤를리 에브도』의 표지에 게재된 이 그림은 전前 대통령의 복합적이고 대조적인 인격을 재조명한다. 미테랑은 비시vichy 정권의 훈장을 받았지만 레지스탕스에 동참했고, 알제리를 프랑스령으로 유지해야 한다고 주장하면서도 사하라 이남 아프리카에서는 탈식민화를 지지했다. 그는 제5공화국을 만든 드골 대통령의 권력 사유화를 비난했지만, 자신이 대통령이 된 다음에는 역대 대통령들보다 오히려 권력의 상징을 즐기는 모습을 보였다. 이 만평의 제목은 에토레 스콜라Ettore Scola의 영화*에 근거를 둔다. 영화는 제2차세계대전 당시 세 친구의 이야기를 하는데, 그중 유명한 대사인 "우리는 세상을 바꾸려 했지만 결국은 세상이 우리를 바꿨다"를 생각하게 한다.

---

* 영화 〈우리는 그토록 사랑했네C'eravamo tanto amati〉는 레지스탕스였다가 전쟁이 끝난 뒤 각자의 자리로 돌아가 변호사, 평론가, 간호사가 되는 세 친구의 이야기를 그린다.

1995년 5월 17일에 엘리제 궁을 떠난 **미테랑은** 인생의 결정적인 순간에 놓였다고 할 수 있었다. 그의 두번째 임기 말에 경제위기는 심화되었고, 각종 정치금융 스캔들이 터졌으며, 그의 병세는 더 악화되었다. 미테랑의 암은 1981년에 발견되었지만 1992년까지 여론에 숨겨왔던 사실이다. 베르트람스는 어두운 과거와 불확실한 미래 사이에서 균형을 잡으려는 미테랑의 모습을 보여준다. 그리고 이러한 상황은 1974년 대선의 1차 투표와 결선투표 사이의 토론에서 발레리 지스카르데스탱이 미테랑에게 던진 "당신은 과거의 사람이죠"라는 말을 다시 생각하게 한다. 지스카르데스탱은 이 날카로운 말로 결선투표에서 승기를 잡을 수 있었다. 베르트람스는 2011년까지 20여 년 동안 암스테르담의 좌파 언론 '헷 파롤'에서 일했다.

요엡 베르트람스의 만평
네덜란드, '헷 파롤', 1995년

핀 그라프의 만평
노르웨이, 1996년

그라프는 1971년 에피네 전당대회에서 사회주의자들의 통합을 이룬 미테랑이 임기 말에 우경화하는 모습을 묘사했다. 가톨릭 전통의 부르주아 집안에서 태어난 미테랑은 극우 진영에서 정치를 시작했지만 개인적 변화를 거듭해 좌파로 왔다. 많은 사람들이 그의 정치적 성향에 대해 의문을 제기했고, 특히 그의 두번째 임기 말에는 신념 자체가 우경화하는 경향을 보였다. 이러한 경향은 그의 연설이나 태도, 국제정치나 역사에 대한 관계에서 나타났다. 어찌되었든 미테랑은 사회당에서 사회주의 도그마보다는 인문주의적 가치를 대표하는 인물이었다.

상징적인 중절모를 쓰고 붉은 머플러에 긴 외투를 입은 미테랑 대통령의 실루엣은 집단기억으로 남아 있다. 바도는 이 이미지를 이용해 미테랑 일생의 스캔들을 상기시킨다. 마자린은 혼외정사를 통해 태어나 감췄던 딸의 이름이다. 비시는 그가 젊은 시절에 극우 비시 정권에서 일했던 과거다. 파퐁은 나치 협력자로서, 미테랑이 그를 추적하는 소송을 방해했다는 비판을 뜻한다. 르완다는 후투 정권에 대한 지지이며, 레인보 워리어는 프랑스 비밀부대가 그린피스의 배를 침몰시킨 사건이다.

키슈카는 1981년 5월 10일의 미테랑 당선 30주년을 기념하여 미테랑의 그림자를 이용해 사회당의 상징인 주먹에 쥔 장미를 그렸다. 미테랑은 집권중에 거대한 건축 사업을 즐겨 벌였고, 역사에 자신의 발자국을 남기려고 노력했는데 바로 이러한 성향을 미테랑의 재임 연도에 맞춰 표현했다.

바도의 만평
캐나다, '르 드루아Le Droit', 2008년 8월 12일

비시, 레인보 워리어, 마자린, 파퐁, 르완다, 미테랑

키슈카의 만평
이스라엘, 〈키오스크Kiosque〉, TV5 Monde, 2011년 5월 13일

1996. 1. 20
팔레스타인 대통령 선출
역사적 선거에서 야세르 아라파트 당선

오슬로협정의 합의사항 중 하나인 팔레스타인 정부의 수립으로 이제 중앙화된 팔레스타인 단일 정권이 가자 지역과 요르단 서안의 여러 도시를 동시에 관리하게 되었다. 1994년 7월부터 팔레스타인 임시정부의 실질적 대통령 역할을 담당하던 야세르 아라파트는 1996년 1월에 치러진 직접선거에서 무려 87%에 달하는 지지를 얻었다. 게다가 팔레스타인 사람들의 적극적인 선거 참여로 팔레스타인 신설 정부와 아라파트의 정당성은 더욱 확고해졌다.

리베르는 이 그림에서 야세르 아라파트가 누리는 정치적 인기를 강조한
다. 그러나 헹가래를 치는 그림의 몇 가지 요소가 숨은 진실을 말한
다. 군중 틈에는 칼날이 바로 서 있는데, 선거 후의 기쁨이 가시고 나
면 지도자를 기다리고 있는 것이 무엇인가를 암시한다. 실제로 아라
파트는 선거에서 보이콧을 주장했던 팔레스타인해방기구 내의 다양
한 반대세력과 힘겨루기를 해야 한다. 또한 당시 경제상황은 무척 열
악했으며, 그의 정부 및 경찰 기구 운영에 대해서도 많은 비판이 일
고 있었다. 특공대를 상징하는 모자와 수류탄은 아라파트의 군사적
행동과 테러리즘 지지 행적을 강조한다. 팔레스타인 임시정부의 지
도자는 오랜 기간 이스라엘과의 외교적 투쟁뿐 아니라 무기를 들고
싸운 과거를 가지고 있기 때문이다.

1996. 3. 20
광우병

광우병은 소의 중추신경계를 망가뜨리는 병이다. '미친 소'의 병으로 불리는 광우병은 전염성은 없지만 프라이온이라고 하는 특이한 감염요인과 밀접하게 연결되어 있다. 1996년 3월 20일, 영국 정부는 감염된 소의 고기를 소비할 경우 인간에게 병이 전이될 수도 있다는 가능성을 밝혔다. 1986년부터 광우병이 유행했던 영국에서 기존의 크로이츠펠트–야코프병이 변형된 형태, 즉 소로부터 전이된 형태의 질병으로 사람이 사망하는 사례가 발견됨으로써 유럽은 위기에 돌입했다. 실제로 세계보건기구는 영국에서 1996년 10월부터 2002년 11월 사이에 발생한 총 129명의 인간 광우병 사례를 보고했다.

5월 15일 런던에서 프랑스 대통령 자크 시라크는, 영국 쇠고기의 유럽 수출에 대한 금지 조치를 부분적으로 중단하자는 영국 총리 존 메이어의 제안을 지지했다. 하지만 독일이 이러한 정책에 반대하는 상황에서 하흐펠트의 그림은 광우병에 대한 영국의 책임을 시라크 대통령에게 상기시키는 의미를 갖는다. 여기서 엘리자베스 여왕으로 상징된 영국은 유럽연합 내에 질병을 확산시킨 책임자로 그려진다. 광우병의 정확한 근원에 대해서는 알려진 바가 없지만, 병의 확산은 동물 먹이 채널에 병든 동물의 부위가 포함되었기 때문이다. 따라서 영국은 1989년에 이미 자국 내에서 동물성 사료를 금지시켰지만, 1991년까지 많은 양의 오염된 동물성 사료를 유럽으로 수출했다.

하흐펠트의 만평
독일, '노이에스 도이칠란트', 1996년 5월

"각하, 이 마차를 끄는 소들은 유럽연합을 위해 특별히 마련된 녀석들입니다…"

알탄의 만평
이탈리아, 『리누스Linus』, 1996년

농부 "너의 일부분은 사용할 수 없겠구나."

소 "내 눈에 너는 똥으로 보이는구나."

알탄은 동문서답이 등장하는 이 만평에서 광우병이 인간으로 전이되는 것을 막기 위한 다양한 조치를 언급한다. 위기가 시작되자 세계보건 기구는 소의 특정 부위를 인간이 소비하지 말도록 제안했다. 뇌와 비장, 척수와 편도선, 내장과 흉선 등이다. 동시에 유럽의 많은 국가들이 심각한 위기에 빠진 축산업을 보호하기 위해 자국생산 고기를 확인하는 제도를 도입했다. 유럽 집행위원회는 3월 27일, 영국산 쇠고기에 대한 완전 금수조치를 내렸지만 6월이 되자 영국산 소에서 생산된 젤라틴과 비계, 정액 등에 대해서는 금수조치를 중단했다.

캠은 앨버타 주의 농장에서 날아다니는 짐승을 바라보며 놀란 농부 부부를 그려 초현실적 무대를 묘사한다. 광우병에 걸린 동물은 행동이 이상하게 변하고 결국에는 움직이지 못하면서 중심을 잃는 지경에까지 도달한다. 캐나다의 앨버타 주는 석유 다음으로 축산업이 중요한 지역인데, 2003년에는 광우병 첫 사례가 보고된 지 10년 만에 새로운 광우병 사례가 발견되었다. 캐나다산 쇠고기의 주요 수입국인 미국은 곧바로 강력한 금수조치를 취했다. 미국의 금수조치는 2005년 봄에 부분적으로 철폐되었지만 2007년 11월까지 지속되었다. 2012년까지 캐나다에는 총 18건의 광우병 사례가 보고되었다.

캠의 만평
캐나다, '오타와 시티즌Ottawa Citizen', 2007년 4월 23일

"에드나, 난 과학자는 아니지만 말이야, 보다시피 매년 날씨가 점점 이상해지는 것 같아."

검열과 인식과
배타성에 대하여

"만평은 정보를 제공하기도 하지만 동시에 공격성을 지닌다." _코피 아난

몇 년 전, 덴마크의 언론에는 무함마드에 관한 어린이 서적을 준비하는 데 그림을 제공할 만
화가가 구해지지 않는다는 소식이 실렸다. 덴마크의 최대 독자수를 자랑하는 '윌란포스텐
Jyllands-Posten'의 편집국장은 이 소식을 접하고 만화가를 선발하기 위한 대회를 열었다.
그리고 2005년 9월 30일, '무함마드의 얼굴'이라는 제목의 캐리커처 열두 편이 신문에
게재되었다.

곧바로 편집국에는 죽여버리겠다는 위협이 전해졌다. 다른 언론들은 게재를 지지하는
입장을 밝히기 위해 해당 캐리커처를 다시 실었다. 이어서 덴마크 및 세계 각지에서 시
위가 일어났다. 일부는 덴마크의 만평가들을 지지하기 위해서였고, 다른 일부, 특히 아
랍 세계에서는 덴마크의 공관이나 기업을 공격하는 것이었다. 덴마크 국기는 불살라졌
고, 대사관은 공격당했으며, 상품은 보이콧의 대상이 되었다. 폭탄 모양의 터번을 둘러
쓴 무함마드를 그린 만평가 쿠르트Kurt를 살해하려는 시도도 있었다. 다른 문화를 다룰
경우, 이러한 자유에 대한 제한은 해당 국가의 법에 의존해야 하는가, 아니면 다른 문화
와 사고방식을 바탕으로 고려되어야 하는가?

이 사건들이 남긴 후유증은 여전히 살아 있다. 겉으로 보는 것과는 달리 이 사례는 매우
복잡하다. '윌란포스텐'은 고의적으로 이슬람교를 자극한 것인가? 유럽 반인종주의 네
트워크의 보고서는 그 가능성을 제시한다. 해당 신문사의 3개월간 보도를 분석한 결과
시평의 53%, 기사의 55%, 단신의 71%, 기고의 73%, 사설의 79%, 그리고 독자 편지의

81%가 외국인 소수집단에 대해 부정적인 견해를 담고 있다는 것이다.

마나 네예스타니는 1973년 테헤란에서 태어났다. 그는 1999년 이후 이란에 개혁적 신문이 생겨난 덕분에 만평가가 되었다. 하지만 2005년, 아마디네자드가 권력을 잡으면서 정치 만평을 그만두고 아동 언론으로 옮겨갈 수밖에 없었다. 2006년 5월 12일, 이란의 주간신문 '이란 프라이데이'(이 주간지는 이란이슬람공화국의 공식 정보언론처가 1994년에 창립한 일간지 '이란'의 주말판이다)의 아동용 부록에 한 아이와 바퀴벌레가 등장하는 그림이 실렸다. 아이는 이 그림에서 이란어로 "바퀴벌레"라는 말을 반복하고, 반면 바퀴벌레는 아제르바이잔어로 "뭐?"를 반복한다. 며칠 뒤 자신의 공동체에 대한 모욕이라며 아제르바이잔계 사람들이 폭동을 일으켰다. 이란에는 대략 인구의 16%에 해당하는 사람들이 아제르바이잔계이기 때문이다. 이들이 도시 인구의 다수를 차지하는 오루미예에서는 시위대가 신문사를 방화하는 사건이 벌어졌다. 타브리즈 시에서는 시위대가 정부와 경찰 청사를 공격했다.

예언자 무함마드 캐리커처 사건은 표현의 자유 문제를 정면으로 제시한다. 표현의 자유에 재갈을 물리거나 더 나아가 이를 잃는다는 것은 우리 사회에서는 상상하기 어려운 일이다.

"도망가! 버스에 만평가가 탔대!!"

신문은 결국 1면에 사과문을 실었고, 마나 네예스타니와 편집국장을 해고했다. 그리고 두 사람은 감옥에 갔다. 세 달 뒤 네예스타니는 임시로 석방되었는데, 부인과 함께 이란을 떠나기로 결정했다. 그는 아랍에미리트에 거주하다가 2007년과 2010년 사이에는 말레이시아에 살면서 전 세계의 이란 반정부 웹사이트에 만평을 게재했다. 2009년, 아마디네자드가 부정선거로 재선되자 그는 이란 민중의 저항을 상징하는 인물로 부상했다. 네예스타니는 2011년 2월에 프랑스로 망명했다.

오늘날 망명생활과 은둔의 삶에 지친 네예스타니는 비판적 그림을 이란 체제의 배타성에 대한 자신의 마지막 저항 수단이라고 생각한다.

1988년, 파리에 있는 아랍세계연구소IMA, Institut du Monde Arabe에서는 '아랍 세계의 정치 캐리커처'라는 전시회가 개최되었는데, 한 그림 때문에 파리와 바그다드 사이에 외교적 긴장이 고조되었다. 당시에는 아직 사담 후세인이 이라크를 지배하는 상황이었다. 이 사건은 특히 일부 인식의 우스꽝스러운 면을 폭로했다. 그림에는 각종 훈장이 가득 달린 제복을 입은 장군과 빈 접시를 들고 있는 거지가 등장하는데, 군인이 거지에게 훈장을 먹을거리로 던져주는 장면이 문제의 발단이었다. 시리아 만평가인 알리 페르자트의 이 작품이 바그다드의 권력자들에게는 반이라크적인 '명백한 공격'으로 비

아이러니한 전시회의 그림들

PICTURES OF AN IRONIC EXHIBITION

쳤다. 그들은 외면상 하나도 닮지 않은 만평 속 장군이 사담 후세인을 표현한 것이라고 생각했다. 전시 당시 이라크의 주프랑스 대사였던 압데라자크 엘하셰미는 그림을 제거하지 않으면 아랍세계연구소에 대한 이라크의 문화적 재정적 지원을 중단하겠다고 선포했다. 이에 대응하여 세계연구소 직원들은 전시회가 열리는 공간에 와서 그림을 지키는 시위를 벌였고, 연구소장은 "아랍 캐리커처 전시회는 예정대로 9월 4일까지 진행된다"는 방침을 발표했다. 이라크 정부는 그 정도에서 물러섰다. 그 결과 이라크는 우스운 모양이 되었고, 전시회와 해당 만평은 더 커다란 관심의 대상이 되었다.

1989년보다 2012년에 민주국가의 수가 늘어났지만 만평가들에게는 여전히 독재나 단순한 권위적 체제를 비난할 날이 부지기수로 남아 있다고 할 수 있다.

우리가 조심스레 선별한 위의 세 사례는 만평과 만평가들의 영향력을 잘 보여준다. 하지만 모든 힘에는 견제세력의 존재가 필수적이다. 덴마크의 신문 '윌란포스텐'의 경우, 예언자 캐리커처의 활용이 의도적으로 다른 신앙이나 문화, 다른 문명을 비난하기 위한 계획은 아니었는가? 비교역사적인 접근법을 고의적으로 무시하고 유럽과 서구의 문명이 여전히 '월등하다'는 신념에 기초한 행동은 아니었는가? 이 분야에도 앞으로 많은 공작이 일어날 가능성이 존재한다……

1997. 7. 1
홍콩 반환
공산주의 중국 속 자본주의 대도시

영국은 한 세기 반 동안 실질적으로 주권을 행사하고 집권했던 홍콩을 1997년에 떠났다. 이 섬은 1842년 제1차 아편전쟁으로 영국의 식민지가 되었고, 1860년의 제2차 아편전쟁 때 주룽반도가 첨가되었으며, 1898년에는 신제新界가 영국으로 넘어갔다. 홍콩 섬과 주룽은 영구적인 양도였고 신제에 대한 영국의 주권만이 1997년 6월 30일에 종료되는 것이었다. 하지만 런던은 새로운 초강대국으로 부상하는 중국과의 관계를 고려해 결국 식민지 전체를 반환한다는 원칙을 1984년에 결정했다.

피스메스트로비치의 만평
오스트리아, 1997년

영국의 순수한 전통에 따라 지배인이 중화인민공화국의 주석인 장쩌민에게 홍콩을 상징하는 마천루가 담긴 케이크를 가져다준다. 그 뒤에서 찰스 왕세자는 예의를 지키며 이 반환 의식에 참석하지만 미소가 일그러져 있는 것을 볼 수 있다. 둘 다 전통 의복을 입고 있어 정치 및 경제 체제가 변화된다는 사실을 강조한다. 하지만 덩샤오핑의 '1국 2체제' 원칙에 따라 홍콩은 반세기 동안 자본주의 체제를 보장받았고, 영국을 부유하게 해주었던 식민지가 이제는 공산주의 중국에 혜택을 주는 시대가 열렸다. 홍콩은 아시아 제2의 금융 중심이기 때문이다.

공산주의 중국의 기쁨과 홍콩의 두려움, 미엘이 보는 재회의 순간이다. 재회라는 개념은 중요한데, 왜냐하면 베이징과 런던은 이 반환에서 중국이 홍콩에 대해 잃었던 주권을 되찾는 형식을 띠도록 합의했기 때문이다. 만일 주권의 회복이 아니라 영국에서 중국으로 주권이 이전되는 형식을 띠었다면

중국은 민주적 제도의 도입을 보장해야 했을 것이다. 그 대가로 베이징은 일종의 자치권이 보장되는 홍콩 특별행정구역을 설립하기로 약속했다. 공산주의 중국과 세계 시장의 매개체이자 무역의 중심지로서의 전통 덕분에 홍콩은 국제금융의 중심으로 성장할 수 있었다. 이제 홍콩은 중국 경제발전을 대표하는 금융기지로서 위상을 더욱 높일 수 있는 기회를 얻은 셈이다.

페터 슈랑크의 만평
영국, '인디펜던트 온 선데이The Independent on Sunday', 1997년 6월 29일

킹콩이 마천루를 공격하는 장면을 재해석함으로써 슈랑크는 홍콩 민주주의의 미래에 대한 국제사회의 깊은 걱정을 반영한다. 1990년 톈안먼 광장 학살 이후 채택된 홍콩 특별행정구역에 관한 기본법은 1984년의 중국과 영국 간 공동선언의 일부분을 수정한 것이었다. 그 때문에 중국 정부와 영국의 홍콩 총독이었던 크리스토퍼 패튼 사이에는 긴장이 고조되었다. 패튼이 입법회의의 선거방식을 민주적으로 개혁하자 중국은 베이징 당국과 가까운 둥젠화董建華라는 홍콩의 부호 사업가를 정부 수반으로 선출했다. 이 절차는 미국과 영국의 강력한 반발을 불렀다.

홍콩의 주권이 영국에서 중국으로 넘어가고, 포르투갈의 마카오에 대한 주권이양이 1999년 12월 20일로 예정된 상황에서 헹은 타이완의 사례에 관심을 돌린다. 중화인민공화국의 주석 장쩌민은 홍콩의 반환이 타이완의 중국 대륙 복귀를 알리는 사건이라고 인식했다. 그러나 홍콩과 타이완의 상황은 매우 다르다. 섬이기 때문에 물리적으로 중국과 구분되어 있으며 홍콩과는 다른 특수한 역사적 배경을 가지고 있다. 일본의 식민지였던 타이완은 1986년 이후 민주주의 경험을 통해 고유한 정체성을 발전시켰고, 많은 사람들은 스스로를 중국인이기에 앞서 타이완 사람으로 여긴다.

헹의 만평
싱가포르, 1997년 7월 3일

통일의 퍼즐
마카오, 홍콩, 타이완

1997. 8. 31
웨일스 공주의 사망
세계적 충격의 파고

'레이디 디'라는 별명으로 더 잘 알려졌던 다이애나 스펜서가 파파라치들의 추격을 따돌리려고 도망가다 파리 알마 교 아래 터널에서 36세의 나이에 교통사고로 사망했다. 그의 죽음은 전 세계적으로 대단한 슬픔을 자아냈다. 1981년, 19세의 나이로 영국 왕세자와 결혼함으로써 만들어진 그녀의 이미지에 대한 광폭적인 열정만큼이나 영국 대중의 슬픔은 깊었다. 레이디 디와 왕세자는 11년간 두 아이를 낳고는 별거에 들어갔고, 1996년에 공식적으로 이혼했다. 그녀의 새로운 애인인 이집트 백만장자의 아들 도디 알파예드 역시 이 사고로 사망했다.

바우로의 만평
이탈리아, '일 마니페스토', 1997년

레이디 디
"저기 오네!"

레이디 디의 비극적 사고는 프라이버시 존중에 대한 격렬한 논쟁을 불러일으켰다. 사건 조사 과정에서 여섯 명의 사진가와 한 명의 오토바이 운전자는 비고의적 살인과 상해 혐의로 입건되었다. 바우로는 이 만평에서 스캔들을 주로 보도하는 언론, 특히 영국의 타블로이드 신문에 대해 쏟아지는 비판을 감안했다. 천국의 천사를 다이애나가 절대 빠져나갈 수 없도록 그녀를 쫓아다니는 파파라치로 표현함으로써 바우로는 일부 언론 사진기자의 악랄한 태도를 강조했다. 웨일스의 공주는 그의 삶 자체가 연출의 대상이었으며, 세상에서 가장 많이 사진에 찍힌 여자라고 해도 과언이 아니다. 그녀가 언론과 맺고 있었던 관계는 매우 애매했는데, 때로는 피해자가 되기도 했지만 다른 한편으로는 언론을 조작하고 활용하기도 했다.

1997. 12. 11
교토의정서

교토의정서는 UN 기후변화협약에 서명한 국가들이 개최한 세번째 연례회의에서 체결되었다. 온실가스 배출 축소를 목표로 하는 이 국제조약은 참여하는 선진 산업국에 법적으로 강제적인 할당량을 정했다. 그리고 이 조약은 시행 조건이었던 55개국이 비준한 뒤 2005년에 발효되었다. 이들 55개국의 온실가스 배출은 세계 배출량의 55%를 차지하는 비중이었다. 2012년 조약이 폐기되는 시기까지 총 192개국이 의정서에 서명하고 비준했다. 2011년 말, 남아공 더반에서 열린 회의는 새로운 기후 관련 세계협약을 위한 로드맵을 제시했다.

올리판트의 만평이 보여주듯이 교토의정서는 지리적으로 세계를 두 지역으로 나눈다. 한편에는 OECD 회원국 대부분과 과거 공산주의 블록의 일부 국가를 포함하는 선진경제국들이 있다. 이들은 가스 감축 목표를 의무적으로 달성해야 하는 '부록1'에 속하는 나라들이다. 다른 한편에는 기타 모든 개발도상국, 즉 부록 외에 속하는 국가들이 있다. 하지만 일부 개발도상국의 경제성장이 무척 빠른 속도로 진행되면서, 이들은 절대적인 양으로 보면 매우 심각한 온실가스 배출국이었다. 따라서 위와 같은 구분은 어느 정도 무의미해지고 경제적으로도 황당하다고 할 수 있었다. 미국은 중국이나 인도와 같은 거대한 개도국도 강제적으로 축소에 동참해야 한다고 주장했고, 반대로 중국과 인도는 역사적으로 배출의 책임을 안고 있는 부유한 국가들과 자신들이 같은 방식으로 취급될 수 없다고 강조했다.

올리판트의 만평
미국, 1997년 12월 5일

`바구니 위` 개발도상국 공해 허가 3 957 284 160호
`오른쪽 피켓` 지구 온난화에 대한 교토 회의
"양반은 못 되네……"
`왼쪽 아래` "돌아오라고 하기에는 너무 늦었지……"

교토는 1868년까지 일본의 수도였던 문화적 도시다. 그리고 교토 국제회의 장은 숲이 우거진 산자락의 환경 보고寶庫에 자리잡은 장소로, 이 만평에서는 수많은 승용차의 행렬이 그곳으로 향하고 있다. 이 만평을 통해 에흐르트는 국제회의가 기후변화의 현실을 제대로 인식한다고 하더라도 개인의 행태를 바꾸기는 매우 어렵고 많은 시간을 필요로 한다는 사실을 보여준다. 게다가 기후온난화는 일본을 비롯한 아시아 북부 지역에서 특별히 심화될 것이라는 점도 강조한다.

라이너 에흐르트의 만평
독일, 「오일렌슈피겔」,
2009년 9월

마틴 터너의 만평
아일랜드, 1997년

왼쪽 그림 교토 1997년. "온실 가스 배출을 1990년 수준으로 줄일 수 있으리라 기대합니다."
그림 아래 UN 지구온난화 회의
오른쪽 그림 플로리다 2027년. "바다의 높이를 1990년 수준으로 낮출 수 있으리라 기대합니다."
생선 "꿈도 야무져라."

터너는 이 만평을 통해 세계 제1의 경제대국임에도 불구하고 의정서에 서명한 뒤 비준하지 않은 유일한 국가인 미국을 비난한다. 이러한 태도는 자살행위에 가까운데 현재 상태가 지속되면 2100년에는 해면의 높이가 1미터 상승할 수 있으며, 그러면 플로리다나 캘리포니아의 해안과 뉴욕 시가 모두 위험에 처할 수 있기 때문이다. 의정서는 선진국들의 온실가스 배출량을 1990년 수준에 비해 5%씩 의무적으로 줄이도록 강요한다. 1990년은 기후변화에 관한 정부 간 협의체IPCC, Intergovernmental Panel on Climate Change가 처음으로 보고서를 제출한 해이기 때문이다. 미국은 세계에서 온실가스를 가장 많이 배출하는 국가로서 목표치가 7% 축소로 정해졌다. 클린턴 대통령은 의정서에 서명했지만 상원은 강제적 축소보다는 자발적 조치가 필요하다며 만장일치로 비준을 거부했다. 2001년에 당선된 조지 W. 부시 역시 의정서를 거부했다.

1998. 1. 26
모니카게이트

1998년 1월, 빌 클린턴 미국 대통령이 백악관 인턴 모니카 르윈스키와 친밀한 관계를 맺었다는 사실이 밝혀지면서 스캔들이 발생했다. 미국 대통령은 1994년에 시작된 또다른 성희롱과 관련한 소송 과정에서 모니카와의 관계를 부정했다. 여러 달 동안 증언을 거부해왔던 당사자 모니카 르윈스키는 결국 검사의 설득으로 증언하게 되었다. 워터게이트*의 이름을 따 모니카게이트라고 불린 이 스캔들은 세계에서 가장 강력한 권력자를 공포에 떨게 했다. 클린턴은 해임 절차에 회부되었으나 1999년 2월 12일, 상원에 의해 면죄부를 받았다.

---

* 1972년 6월, 당시 공화당 미 대통령 닉슨의 재선을 공모하던 이들이 워싱턴 워터게이트 빌딩의 민주당 본부에 도청장치를 설치하려다 발각된 사건.

로아르 하옌의 만평
노르웨이, '베르덴스 강', 1998년

르윈스키 사건이 백악관을 집어삼켰다. 빌 클린턴은 사건에 대해 국민에게 설명하면서 자신이 위증하지 않았음을 강조했다. 하지만 언론은 클린턴에게 우호적이지 않았고 그를 공격하기 시작했다. 1998년 10월 8일, 하원은 위증과 조사방해 혐의로 대통령에 대한 해임 절차를 시작했다. 미국 역사에서 해임 절차가 시작된 것은 세번째 일이다. 하지만 미국 중간선거에서 민주당이 승리를 거두자 상원은 1999년 2월에 결국 해임 절차를 중단시켰다. 이 사건으로 사생활과 공직생활의 경계가 무너졌지만, 여론조사에 의하면 미국 국민들은 대통령의 공적 역할과 사생활 사이를 명백하게 구분하고 있다는 사실이 드러났다.

7월 28일, 르윈스키는 검사 케네스 스타와 합의를 맺었다. 대통령과의 관계를 증언하는 대가로 처벌을 면제받는다는 합의였다. 8월 17일, 빌 클린턴은 배심원 앞에서 미국 국민에게 거짓말했다는 사실을 인정했으며, 르윈스키와 '부적절한 관계'를 맺었음을 공개적으로 고백했다. 8월 20일, 과거의 인턴은 배심원 앞에서 두번째 비공개 증언을 했다. 그 이튿날 벨은 이 만평을 통해 증언의 상황을 상상한다. 르윈스키는 이 증언을 위해 대통령의 정액이 묻은 그 유명한 파란색 드레스를 입고 있다. 대통령과 개인적 앙숙이라고 할 수 있는 케네스 스타는 9월 초 하원에 조사 결과를 보고하고, 그로써 해임 절차가 본격적으로 시작되었다.

스티브 벨의 만평
영국, '가디언', 1998년 8월 21일

"르윈스키 양, 이 조사를 위해 팬티를 벗고 섹시한 춤을 한번 춰보세요."

VIVA ATTESA PER LE DICHIARAZIONI
DI CLINTON

바우로의 만평
이탈리아, 『인테르나치오날레Internazionale』,
1998년

클린턴의 발표를 모두 고대하고 있습니다.

빌 클린턴은 르윈스키 사건 후 대통령으로서의 위상을 되찾기 어려운 상황에 놓였다. 베르트람스는 만평을 통해 1998년 10월 23일, 베냐민 네타냐후와 야세르 아라파트가 체결한 이스라엘-팔레스타인 간 와이리버 협정*조차 케네스 스타 검사가 9월 의회에 제출한 보고서에 자세하게 기술된 클린턴의 성적 게임을 잊게 하지 못했다는 점을 꼬집는다.

바우로는 언론들이 르윈스키 사건의 왜곡된 확대에 커다란 책임이 있다고 지적한다. 실제로 많은 언론은 투철한 직업관을 잃고 루머와 오보를 양산했으며, 미국 대통령의 허리띠 아래를 조사하는 데 너무 많은 에너지를 쏟았다.

---

* 아라파트가 팔레스타인 초대 대통령으로 당선된 후 이스라엘에서는 보수강경파인 베냐민 네타냐후가 총리로 당선되면서 중동평화협상은 난관에 부딪힌다. 양국의 갈등이 심화되자 클린턴이 개입해 버지니아 주의 와이리버에서 평화협정을 맺는다.

요엡 베르트람스의 만평
네덜란드, '헷 파롤', 1998년

우리는 꿈이 있어요.

WE HAVE A DREAM

1998. 5
인도 VS. 파키스탄
남아시아 두 적대적 형제의 핵무장

인도는 5월 11일부터 13일 사이에 다섯 차례에 걸쳐 지하 핵실험을 감행했다. 파키스탄은 이에 대해 2주 뒤인 5월 28일부터 30일 사이에 여섯 차례의 핵실험으로 응수했다. 역설적으로 남아시아의 두 적대적 형제 국가의 핵 경쟁은 핵확산금지조약NPT, Nuclear Non-Proliferation Treaty을 위반하는 것은 아니었다. 두 나라 모두 조약에 서명하지 않았기 때문인데, 그럼에도 불구하고 조약의 원칙과 운영을 심각하게 약화시키는 결과를 초래한 것은 분명했다. 따라서 같은 해 국제사회의 압력으로 인도 총리 아탈 비하리 바지파이와 파키스탄 총리 나와즈 샤리프는 외교적 데탕트를 시행할 수밖에 없었다. 하지만 그로부터 1년이 채 지나지 않은 1999년 봄, 분쟁 지역 카슈미르에서 네번째로 인도와 파키스탄 간의 전쟁이 발발했다.

리베르의 만평
스웨덴, '스벤스카 다그블라데트', 1998년 8월 19일

왼쪽 방향 파키스탄   오른쪽 방향 인도

남아시아 두 이웃나라 간에 조성된 새로운 핵분쟁의 가능성은 아주 오래된 분쟁 문제라고 할 수 있는 카슈미르 지역이 그 원인이다. 리베르는 이 만평에서 히말라야 산맥의 봉우리들을 핵무기로 표현함으로써, 인도와 파키스탄의 관계를 1947년 이후 지속적으로 악화시켜온 카슈미르 분쟁을 지목한다. 양국의 핵무장 프로그램이 강화되면서 이슬라마바드*는 과거 1965년과 1971년처럼 인도가 카슈미르 영토의 통제선을 넘어오는 일은 이뤄지기 어렵다고 판단한 것 같았다. 게다가 파키스탄은 핵무장을 통해 재래식 무기 영역에서 군사적 우위를 점했던 인도를 무력화시킬 수 있다는 희망을 가졌다. 9·11테러 이후 반테러리즘 투쟁의 세계화와 핵무기의 위협은 카슈미르 지역의 전략적 가치를 더욱 강화시켰다.

---

* 파키스탄의 수도.

액자 핵 클럽
폭탄 위 인도와 파키스탄

장쩌민과 자크 시라크, 빌 클린턴, 토니 블레어, 보리스 옐친 등 핵확산금지조약을 추진한 핵보유 5개국의 지도자를 한곳에 모아놓음으로써 헹은 인도와 파키스탄의 핵실험으로 인한 강력한 단절과 충격을 강조한다. 인도와 파키스탄은 1968년의 핵확산금지조약에 서명하지 않았는데, 이 핵실험을 통해 조약의 기능과 의미를 모두 무너뜨려버렸다. 그리고 두 나라는 즉시 실험과 관련해 각각 모라토리엄을 선언했지만 강대국들은 남아시아에서 벌어진 이러한 경쟁이 초래한 결과를 기정사실로 받아들일 수밖에 없었고, 뉴델리와 이슬라마바드 그리고 베이징 사이에 형성된 새로운 지형이 초래할 결과에 대해 걱정할 수밖에 없게 되었다.

폭탄 위 아시아의 핵무기 경쟁을 위하여
바지파이 옷 인도
간디 "난 너희들의 정신적 지도자가 아니야!"

남아공은 간디가 변호사로서 사회생활을 시작한 곳이며 자신의 정치의식의 기초를 형성한 나라로, 그가 등장하는 만평은 특별한 의미를 가진다. 자피로는 여기서 비폭력과 평화적 저항을 강조했던 간디와 1998년 인도의 핵실험 직전에 권력을 잡은 인도인민당BJP, Bharatiya Janata Party의 역사적 지도자인 아탈 비하리 바지파이를 대비시킨다. 핵실험 4년 뒤인 2002년 봄, 분쟁지역 카슈미르에서는 다시 긴장이 고조됨으로써 인도와 파키스탄 사이의 전쟁을 우려하는 상황이 되었다. 이 만평의 배경에는 타르사막이 등장하는데 이곳은 인도의 핵실험장이 위치한 곳이다.

앤 텔내스의 만평
미국, 1998년 5월 14일

`왼쪽 배` 인도의 인구
`오른쪽 배` 파키스탄의 인구
`아래` 우리가 걱정해야 할 다른 폭탄들이 자라고 있다.

앤 텔내스는 핵문제의 도전을 떠나 인도와 파키스탄의 인구문제를 지목한다.
1951년부터 1998년 사이 파키스탄의 인구는 네 배 증가했고, 같은 기간
에 인도는 세 배 늘어났다. 파키스탄의 인구는 1억 3200만 명*이며 인도
는 10억에 가깝다. 2035년까지 이 출산율이 지속된다면 파키스탄의 인
구는 두 배로 증가할 것이고, 인도는 중국을 초월해 세계에서 인구가 가
장 많은 나라가 될 것이다. 이러한 예상에도 불구하고 남아시아의 두 적
대적 형제 국가는 국내총생산의 많은 부분을 국방예산에 할당한다. 동시
에 앤 텔내스는 만평의 '인간 폭탄'에 전통의상인 인도의 사리와 파키스
탄의 살와르 카미즈를 입힘으로써 각각의 종교적 의미를 강조한다.

---

* 파키스탄 인구는 2014년 7월 기준으로 약 1억 9600만으로 세계 6위에 달한다.

1999. 11. 30
시애틀
반세계화 저항의 시발점

1999년 12월 초 시애틀에서는 세계무역기구의 제3차 장관회의가 예정되어 있었다. 세계무역기구 창설 이후 5년이 흐른 상황에서 새로운 무역 라운드의 시작은 처음으로 거대한 '반세계화' 시위를 초래했다. 첫날, 전 세계에서 몰려든 시위대는 정상회의 개막을 늦추는 데 성공했다. 인터넷을 적극적으로 활용한 덕분에 다양한 국가에서 모여든 운동가들의 거대한 모임은 무역의 자유화와 경제의 세계화에 대한 시민사회의 저항전선을 형성했다. 현장에서 상황은 급격하게 악화되었고, 시위대와 경찰의 충돌은 폭력사태로 연결되었다. 그 결과 600명 이상의 시위자가 체포되었고, 수백만 달러 규모에 이르는 파괴와 손해가 발생했다.

이 두 그룹을 서로 대치시킴으로써 댄지거는 협상을 통한 자유화의 조치가 거기에 참여하는 모든 국가에게 혜택을 줄 것이라는 아이디어를 비판한다. 시애틀 정상회의는 실패로 종결되었다. 국제무역 자유화를 위한 새로운 다자간 라운드를 출범시키는 것이 불가능했기 때문이다. 이러한 실패의 원인 중 하나는 과거 자원이나 농수산품 등을 전통적으로 수출하던 '남부의' 국가들이 이제는 공산품과 서비스를 수출하게 되면서 하나로 뭉쳤기 때문이다. 새 천 년을 시작하면서 개발도상국은 세계무역에서 중요한 위치를 점하게 되었다. 이들이 차지하는 비중은 1970년대 초에는 매우 제한적이었지만, 이제는 세계무역의 4분의 1에 달한다.

댄지거의 만평
미국, 1999년 7월 12일

제목 폭동과 시위로
세계무역기구 회의 개막식이 무산되었다.

"오케이… 개막식은 잊자고.
그나저나 누가 가장 저렴한 돈을 받고 일할 텐가?"

책상 위 세계 지도

피켓 위 "세계무역기구 반대"
"세계무역기구 불공정무역"

1999. 12. 31
2000년의 버그
혹은 세기말 공포

새 천 년이 시작되기 전, 기업들과 개인들은 컴퓨터 시스템이 망가질 수 있다는 위험에 대해 크게 걱정했다. 왜냐하면 컴퓨터 '전문가'들이 1999년에서 2000년으로 넘어가면서 세계적 재앙이 닥칠 것으로 예측했기 때문이다. 대부분의 컴퓨터 프로그램은 네 자리가 아닌 두 자리 숫자로 연도를 기록했었다. 따라서 컴퓨터가 이제 더이상 날짜를 해독하지 못하거나 갑자기 1900년으로 이동하는 것이 아닌지에 대한 우려가 등장한 것이다. 미리 세계의 컴퓨터 시스템이 제대로 작동하도록 수정해야만 공항 폐쇄나 의료 시스템의 오작동, 자동차와 로봇의 마이크로칩 기능장애를 피할 수 있는 상황이었다. 하지만 12월 31일 밤은 다행히 커다란 어려움 없이 넘어갔다.

새로운 천 년의 시작은 시그네 윌킨슨에게 '현대인'이 자신의 삶을 간편하게 하기 위해 만든 기술에 얼마나 종속되어 있는지를 표현할 기회를 제공했다. 이 만평가는 여성으로는 처음으로 만평 부문 퓰리처상을 수상했는데, 자동화된 세기가 처음 맞는 변화에 대한 자신의 시각을 보여준다. 이제 컴퓨터들이 서로 연결되어 있는 상황에서 모든 활동은 고립된 것이 아니라 긴밀하게 의존적이다. 한 컴퓨터의 버그가 하나의 네트워크를 모두 망가뜨릴 수 있다는 의미다. 바로 이 이유로 커다란 재앙의 가능성이 제기되었다. 모든 위험을 없애기 위해 정부와 서비스 산업, 특히 은행과 항공사, 통신회사 등이 지출한 금액은 2천억에서 3천억 유로에 달하는 것으로 계산되었다. 또한 '2000년 버그'의 공포는 하이테크 산업의 하청구조를 발전시키는 데도 기여했다.

시그네 윌킨슨의 만평
미국, 1999년 12월 1일

요스 콜리뇽의 만평
네덜란드, 1999년 12월 30일

콜리뇽은 2000년 1월 3일 아침, 사무실 직원들이 컴퓨터를 켜기 위해 버튼을 누르는 순간을 상상하여 그렸다. 2000년으로 넘어감에 따라 각자의 모니터가 핵우산으로 돌변하는 모습이다. 당시 일부는 사고가 확산됨으로써 지구 종말이 올 수도 있다는 불안에 음식을 사재기하기도 했다. 이처럼 시한폭탄이 되어버린 컴퓨터에 대한 공포를 과장함으로써 콜리뇽은 2000년의 버그를 하나의 사회적 경제적 미디어적 현상으로 만든 호들갑스러운 예언을 비난한다.

1999. 12. 31
블라디미르 푸틴의 크렘린 입성

2000년의 시작을 앞두고 러시아 옐친 대통령이 그 누구도 예상치 못한 상황에서 건강 악화로 사임하자 임시로 푸틴이 그의 뒤를 이었다. 푸틴은 비밀경찰 조직인 국가안보위원회KGB에 이어 만들어진 연방보안국FSB의 국장이었고, 상트페테르부르크 시장 아나톨리 솝차크의 정치자문관이었다. 그는 2000년 3월 26일에 치른 조기 대통령 선거 제1차 투표에서 이미 52%를 득표함으로써 당선되었다. 그는 1999년 말 제1차 체첸전쟁에서 중요한 역할을 담당했지만 국제사회에는 그리 잘 알려진 인물이 아니었다. 푸틴 시대의 개막은 고르바초프의 페레스트로이카 정책과 이를 지속한 옐친의 정치자유화 시대가 종결되었음을 의미했다.

바르드의 만평
스웨덴, '다엔스 뉘헤테르Dagens Nyheter', 2008년

바르드의 이 그림은 모스크바 광장의 수많은 기마 조각을 연상시킨다. 푸틴은 2004년 재선에 성공한 뒤 자랑스럽게 말을 타고 있지만, 옆에서 가스가 새면서 위험을 암시한다. 2008년 가을에 시작된 세계금융위기는 가스프롬Gazprom의 주가를 폭락시켰다. 이 회사는 세계 최대의 가스 생산회사일 뿐 아니라 러시아 최대 기업이고, 2005년 러시아 국민총생산의 8%를 차지할 정도로 국가 안의 국가와 같은 공룡이었다. 위기가 닥치자 러시아 정부는 이 회사 주식의 다수를 다시 사들임으로써 재再국영화했는데, 그 목표는 러시아 경제의 전략적 부문을 통제함으로써 국가경제를 확고하게 세우려는 데 있었다. 크렘린은 이러한 움직임으로 세 가지를 노렸다. 첫째는 가스 산업의 소득을 통제하는 것이고, 둘째는 국가 내에서 자신의 권위를 확보하는 것이며, 셋째는 유럽의 에너지 의존성을 이용해 대외정책의 지렛대를 획득하는 것이었다.

알렉세이 옙투첸코의 만평
러시아, 『베크Vek』, 1999년 10월

플래카드 경찰국가 반대! 마피아국가 반대!
"아니 도대체 어떤 국가를 원한단 말이야?"

이 만평은 옐친 대통령이 세르게이 스테파신*을 제외하고 푸틴을 총리직에 앉힌 뒤 두 달 만에 옙투첸코가 게재한 것이다. 스테파신이 제외된 이유는 체첸 세력과의 협상에서 충분히 강력한 모습을 보여주지 못했기 때문이었다. 푸틴은 권력을 잡은 뒤 "화장실까지 쫓아가서 체첸 세력을 때려잡겠다"고 공언했다. 이 강력한 메시지는 굳건한 권력을 희구하는 러시아인들에게 인기를 끌었다. 푸틴은 대통령에 당선되기까지 자신이 1999년 8월까지 장악했던 비밀경찰 FSB는 물론 군부와 관료의 지지를 받았다. 게다가 소련이 붕괴된 이후 국가 정치기구와 경제계에 영향력을 행사해왔던 범죄조직과도 협력했다.

----
* Sergey Stepashin(1952~). 보리스 옐친 정권에서 총리, 연방 보안국장, 법무장관 등을 지냈다.

옐친과는 달리 신임 대통령은 만평가에 대해 지대한 관심을 표명했다. 하지만 '모스콥스키 콤소몰레츠Moskovsky Komsomolets'라는 러시아 대중 언론의 대표지는 메리노프의 그림을 지속적으로 실었다. 메리노프는 그의 만평에 부라티노라는 러시아 옛날이야기의 인물을 등장시키는데, 부라티노는 일종의 인형으로 피노키오와 같이 나중에는 생명을 갖는다. 메리노프가 여기 그린 '부라티노/푸틴'은 코가 자라는 것이 아니라 머리 윗부분이 왕관 모양으로 자라는데, 이는 강력한 권위를 상징한다. 메리노프는 한 사람의 전제를 강조하는 푸틴 체제의 독재적 성격을 비판한다. 블라디미르 푸틴은 강한 국가와 완전한 주권을 강조하면서 자신을 이를 독점하는 위치에 올려놓았다. 이 '직선적 권력'은 모든 형태의 반대세력을 침묵시키는 것은 물론 러시아를 다시 유럽의 민주주의로부터 멀어지게 하는 결과를 낳았다.

알렉세이 메리노프의 만평
러시아, 에코 모스크바Echo Moscow 라디오 홈페이지, 2012년 2월 27일

В наступившем году в России
сменится Президент. Борис Ельцин преемника выбрал,
осталось самое малое – чтобы выбрали мы.

'모스크바 뉴스'는 러시아에서 가장 오래된 영어권 언론이다. 튜닌은 여기서 보리스 옐친이 그의 후계자에게 권력을 이양하는 모습에 대해 아이러니한 시각을 나타낸다. 후계자 선택은 옐친의 주변에서 대통령의 이익을 지키기 위한 방향으로 이뤄졌다. 그런데 이 만평가가 보여주는 두 지도자를 통해 우리는 러시아의 두 가지 비전이 서로 대립하는 모습을 발견한다. 옐친이 입고 있는 옷에는 러시아정교를 상징하는 두 개의 머리를 가진 독수리가 있는데, 이는 과거 러시아 황제인 차르가 비잔틴 제국의 전통을 따라 선택했던 상징이다. 하지만 푸틴은 인형처럼 들려서 옐친을 순진한 표정으로 바라보고 있다. 하지만 이 표정은 빠르게 변하게 되고, 새 천 년이 시작되면서 제국주의적 러시아는 민족주의적 러시아로 급속하게 돌변했다.

2000. 11. 7
조지 W. 부시
백악관 입성 이면의 괴상한 당선

2000년 11월 7일 저녁, 미국 대선이 종결되고 민주당의 앨 고어-조 리버먼은 공화당의 조지 W. 부시-딕 체니보다 전국적으로 50만 표를 더 얻었다. 하지만 고어는 각 주의 인구를 감안해 정한 선거인단의 과반수인 269명의 표를 얻지 못했다. 고어는 267명, 그리고 부시는 246명을 확보한 것이다. 결국 마지막으로, 남은 25명의 선거인단을 가진 플로리다의 선택이 대통령을 결정하게 되었다. 그리고 플로리다의 주지사는 다름 아닌 조지 부시의 동생이었다. 보터 뉴스 서비스Voter News Service는 우선 민주당 후보가 이겼다고 발표했다가 이를 번복하고 공화당의 승리를 밝혔다. 앨 고어는 강요된 패배를 인정한 뒤 사법행동을 취했다.

스티브 벨의 만평
영국, '가디언', 2001년 1월 6일

"내가 어디 있지? 여기가 이우럽(유럽)이야? 저 사람들이 이우럽(유럽) 녀석들이고? 내가 레이저 검을 보여줄까?"

조지 W. 부시의 1월 20일 공식 취임을 앞두고 벨은 미래 대통령의 텍사스 특유의 발음과 황당한 말실수들을 비꼰다. 부시의 임기 동안 언론은 대통령의 잦은 말실수와 의미 없는 문장을 지칭하기 위해 '부시즘'이라는 표현을 동원할 정도였다. 벨은 여기서 세계에서 가장 거대한 권력을 가진 남자가 대통령 전용기 에어포스 원에서 내리는 장면을 표현했다. 그리고 그 전용기 위에는 영화 〈스타워즈〉에 등장하는 제다이의 유명한 대사*를 비꼰 문장 "에어포스 원이 너와 함께하리라"가 쓰여 있다. 만평가는 미국 대통령이라는 직책과는 전혀 어울리지 않는 부시의 무식을 비난하는 것이다. 2000년 11월 6일, 부시는 그의 가장 유명한 신조어를 만들어내는데, "그들이 나를 잘못 과소평가했다"라는 말이다. 잘못 이해했다misunderstood와 과소평가했다underestimated를 섞어서 만든 이 신조어의 의미는 잘못 과소평가하다misunderestimated가 된다.

---

* "포스가 언제나 너와 함께 하리라.The Force will be with you, always." 포스는 스타워즈 세계의 신비한 존재적 힘을 총칭하는 말이다.

피스메스트로비치의 만평
오스트리아, '클라이네 차이퉁Kleine Zeitung', 2000년

악어의 발 새로운 계산   표지판 위 플로리다

이 만평에서 피스메스트로비치는 마이애미데이드 카운티의 에버글레이즈 국립공원에서 열린 수상 모터보트 경주에서 부시가 간신히 이기는 모습을 그렸다. 그 이유는 플로리다 주에서 마지막으로 표 집계를 한 곳이 바로 이 자치주였기 때문이다. 플로리다 주 득표에 관한 첫번째 전자계산에서 부시가 승리하는 것으로 밝혀지자 앨 고어는 그 결과를 부정했다. 두번째 계산에서도 부시가 승리하는 것으로 나타났다. 그후 서로 상반되는 다양한 법적 결과가 나왔고, 부시는 대법원에서 재계산을 중단시키는 결정을 얻어냈다. 따라서 처음의 결과가 공식적으로 인정되었다. 결국 대통령 선거의 다양한 사법적 우여곡절과 537표라는 매우 작은 표 차는 이 선거의 의미에 대해 커다란 의문점을 부여했다.

2002년 5월 24일, 모스크바에서 조지 W. 부시와 블라디미르 푸틴이 체결한 전략적 군축조약은 양측이 각각 자신의 핵탄도무기를 3분의 2로 줄인다는 약속을 의미했다. 이로써 냉전이 공식적으로 종결되는 상황이었다. 하지만 그라프는 이 새로운 동맹이 순전히 기회주의적인 야합이었으며, 결국 이 정략적 결혼이 빈 라덴의 주례로 이뤄졌음을 표현한다. 미국과 러시아의 협력은 손익계산과 정치적 상황이 빚어낸 결과라는 해석이다. 9·11테러가 발생한 즉시 푸틴은 부시에게 국제 테러리즘과의 전쟁에 대한 지지를 보냈고, 그 대가로 러시아의 체첸 개입에 대한 미국의 침묵을 기대했다. 이 상황에서 체첸 전쟁은 미국이 벌이는 테러와의 전쟁의 한 부분이 되었던 것이다.

핀 그라프의 만평
노르웨이, 2002년 5월 24일

아레스의 만평
쿠바, '후벤투드 레벨데Juventud Rebelde', 2001년 12월

아레스는 정신과 의사의 눈으로 텍사스 주지사 출신인 신임 대통령의 미숙함과 아버지 부시
행정부에서 이미 국정을 경험한 콜린 파월 국무장관 및 딕 체니 부통령의 경력을 대비시
킨다. 이러한 유산은 딕 체니와 국방장관으로 임명된 도널드 럼즈펠드로 상징되는 네오
콘* 파벌로 인해 더욱 강화되었다. 체니와 럼즈펠드는 새로운 미국의 세기를 위한 프로
젝트Project for the New American Century의 멤버로 미국 대외정책에 막대한 영향력을 행사했고,
권력의 수단으로 군사세력을 활용하는 데 주저하지 않았다.

---

* 조지 W. 부시 정권에서 급부상한 공화당의 신보수주의자 세력.

2001. 6. 28
밀로셰비치
구 유고슬라비아 국제형사재판소 소환

슬로보단 밀로셰비치는 1989년부터 1997년까지 세르비아 공화국의 대통령으로 재임했으며 이후 유고연방공화국 대통령이 되었으나 2000년에 실각했고, 2001년 4월 1일에 체포되었다. 그로부터 3개월 뒤 세르비아 정부는 그를 구 유고슬라비아 관련 국제형사재판소에 넘겼다. 이 재판소는 UN이 1993년 구 유고슬라비아의 해체로 이어진 전쟁에서 자행된 범죄를 재판하기 위해 설립한 것이다. 밀로셰비치는 이로써 국제재판소가 판결하는 첫 번째 국가원수가 되었다. 하지만 절차가 시작된 지 4년째인 2006년 3월, 그는 재판소가 판결을 내리기 전에 네덜란드 감옥에서 죽었다.

리베르의 만평
스웨덴, 2002년 2월 14일

리베르는 2002년 2월 12일에 소송이 시작된 것을 기념하여 밀로세비치가 자신의 방에서 날짜를 세는 모습을 그렸다. 그와 함께 보스니아 헤르체고비나에서 인종청소를 벌인 자들은 철창 밖에서 자유를 누리고 있다. 왼쪽에는 자칭 보스니아 세르비아 공화국의 대통령이었던 라도반 카라지치가 있고, 오른쪽에는 그의 오른팔이자 보스니아 세르비아인들의 민병대장이었던 라트코 믈라디치가 있다. 구 유고슬라비아 국제형사재판소는 1995년부터 이들을 범죄자로 지목했는데, 1992년부터 1996년까지 지속된 사라예보 공격과 1995년의 스레브레니차 학살의 책임자로 보았기 때문이다. 카라지치는 2008년에 체포되었고, 믈라디치는 2011년, 16년의 도피생활 끝에 체포되었다.

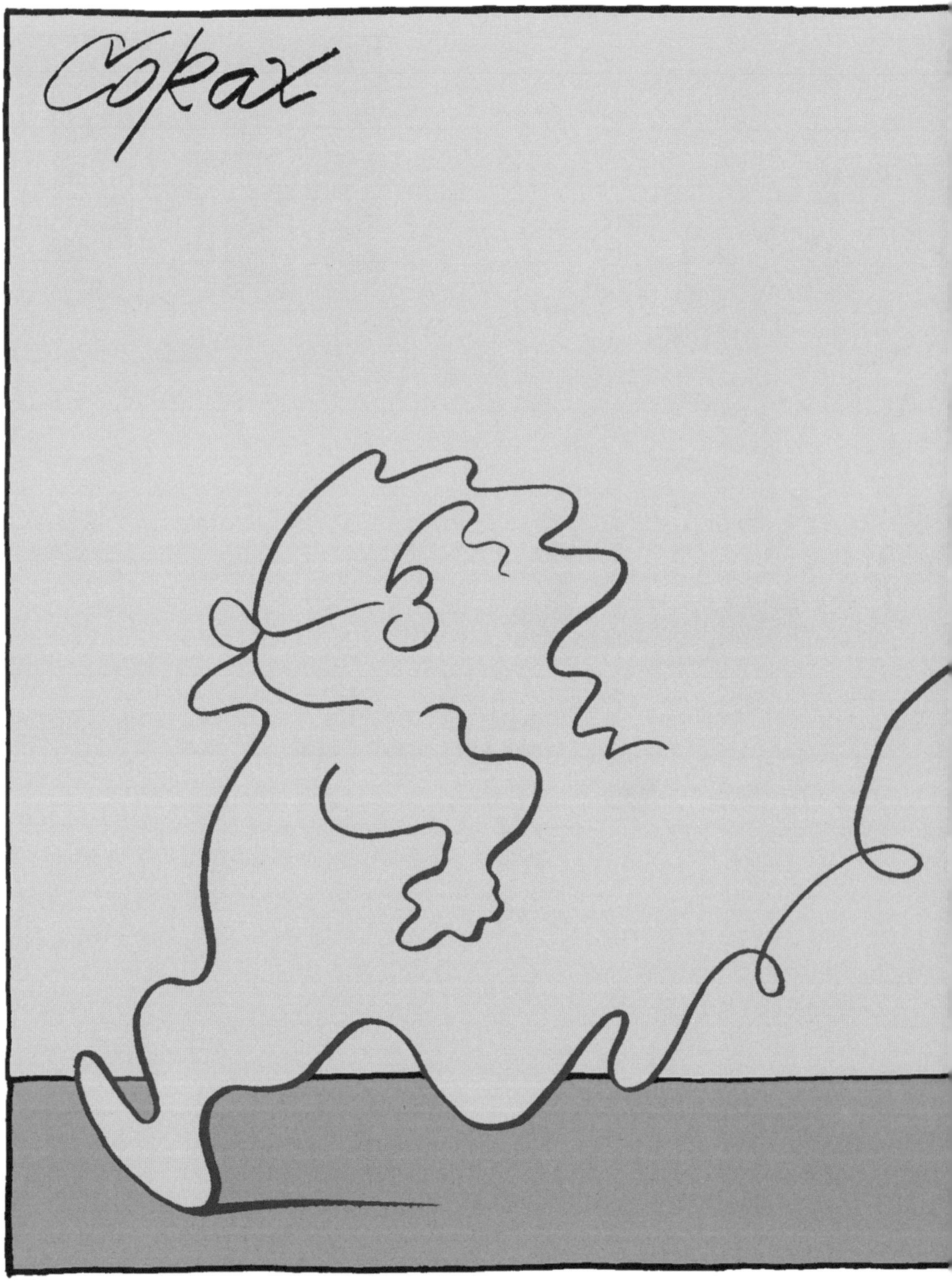

코락스의 만평
세르비아, '다나스Danas', 2001년 4월 1일

'다나스'는 슬로보단 밀로셰비치 정권의 **언론 검열**에 항거하여 1997년 만들어진 독립 신문이다. 세르비아의 유명한 만평가 코락스는 이 작품을 통해 유머와 예리함을 동시에 드러낸다. 밀로셰비치가 체포되는 날, 그는 독재자의 달려가는 모습을 그린 실을 풀어버린다. 이것은 식스틴 성당의 천장화에서 하느님이 아담에게 생명을 불어넣어주듯이 만평가의 손이 상징적으로 등장인물의 생명을 쥐고 있는 모습이다. 코락스는 세르비아 지도자들의 취약함을 강조함으로써 권위주의에 항거할 수 있는 가능성을 열었고, 세르비아 대중의 인기를 얻었다. 1996년과 1997년 세르비아에서 열린 반밀로셰비치 시위에서는 일부 플래카드가 '코락스 대통령'을 주장했을 정도로 그의 인기는 높았다.

2001. 9. 11

9·11
미국, 공격당하다

2001년 9월 11일, 19명의 테러리스트가 미국 민항기 네 대를 납치해 미국의 금융, 군사, 정치적 상징을 공격함으로써 하루 만에 3034명을 살상하는 사건이 벌어졌다. 이처럼 짧은 시간에 많은 희생자가 발생하는 사건으로 21세기가 시작된 셈이다. 미국에서는 이제 국가와 비국가 행위자가 서로 대립하는 새로운 양식의 전쟁행위가 시작됐다는 시각이 일반화되었다. 새로운 적은 진정한 의미의 영토 없이 다양한 형태로 존재하는 초국적 이슬람 근본주의자 네트워크 조직의 집합인 것이다. 따라서 이들을 파악하는 것은 더욱 어려워졌다. 냉전 시대에 구축한 워싱턴의 대응과 보호대책은 이제 쓸모없는 것이 되었다.

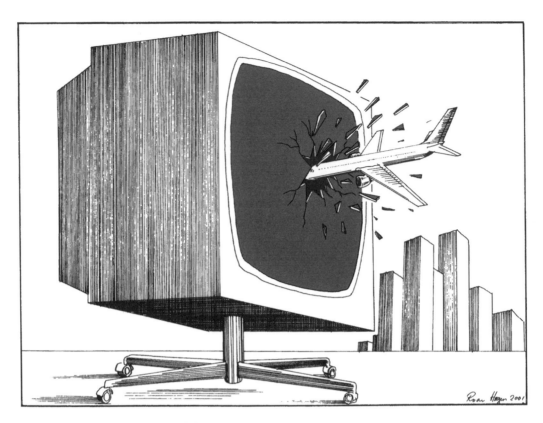

로아르 하옌의 만평
노르웨이, '베르덴스 강', 2001년

하옌은 이 그림을 통해 9·11테러처럼 미디어의 보도가 이뤄진 것은 역사상 처음이
라는 사실을 강조한다. 이제 텔레비전을 통해 사건을 생중계로 보게 된 것이다.
첫번째 비행기가 쌍둥이빌딩의 북쪽 건물에 충돌한 지 삼십 분 뒤 두번째 비행
기가 남쪽 건물에 충돌하는 순간, 이미 수십만의 사람들이 텔레비전으로 그 모
습을 보고 있었다. 삼십오 분 뒤 펜타곤에 세번째 비행기가 추락할 때도 마찬가
지다. 세계의 눈앞에, 그리고 '생중계'로 미국의 권력을 상징하는 곳들이 공격
당하는 장면이 펼쳐졌다. 게다가 미국 본토에서 일어난 일이었다. 네번째 비행
기는 펜실베이니아에 추락했는데, 아마도 백악관을 겨냥했던 비행기라는 가설
이 제기되었다. 전 세계의 시청자들은 일어나고 있는 사건의 의미를 파악하기
힘들었지만 반복적으로 방송되는 이미지에 홀려 있었다.

충돌이 일어난 뒤 한 시간이 채 되지 않아 세계무역센터의 남쪽 빌딩이 먼저 무너져내렸다. 이 사건은 예상할 수 없었던 일로 모두 놀라움을 금치 못했다. 붕괴는 기존의 구호계획을 무의미하게 만들었고, 주변 130미터 이내가 초토화되었다. 먼지구름이 몰려오는 상황에서 사람들은 커다란 공포에 휩싸였고, 스위스의 만평가는 뭉크의 유명한 작품 〈절규〉를 재해석했다. 이 뛰어난 작품을 통해 슈랑크는 공포에 질린 인간에 대한 보편적 상징을 그렸다. 뉴욕 시민, 그리고 더 나아가 미국인과 인류의 기억에 남을 집단적 공포의 순간을 기록한 것이다. 이 훌륭한 작품의 힘으로 우리는 공간 속에 울리는 '절규', 세계를 관통하는 무한대의 '절규'를 느낄 수 있다.

페터 슈랑크의 만평
영국, '인디펜던트 온 선데이', 2001년 9월 16일

리베르의 만평
스웨덴, 『쿠리에 앵테르나시오날Courrier international』, 2001년 10월 11일

아메리칸 에어라인 11편이 세계무역센터의 북쪽 건물에 충돌해서 무너지기까지 102분의 시간이 흐르는 동안 과거 '자유세계'에 대한 이미지는 흔들리게 되었다. 미국의 많은 만평가와 마찬가지로 리베르는 자유의 여신상을 뉴욕 시와 미국의 상징으로 활용한다. 화형대 위의 순교자처럼, 자유와 평화와 민주주의의 강력한 상징이 알카에다의 야만과 불덩이에 고통받고 있다. 미국은 가치도 사라지고 법전이나 횃불도 없는 상태에서 빌딩에 몸과 발이 묶여 있다.

댄지거의 만평
미국, 2001년 9월 11일

재난이 일어난 다음날 미국이 사망자들을 위한 눈물을 흘리는 순간, 그 유명한 만평가는 미국 사회를 관통하는 혼란을 표현했다. 뉴욕에서 태어난 댄지거는 세계무역센터의 폐허 위에 난 미국의 상처를 치료하기 위해 엉클 샘을 등장시킨다. 그는 맨해튼 반도 남부를 뒤덮고 있는 수천 톤의 파편과 독성가스 한가운데에서 분노에 차 믿기지 않는 표정을 한 엉클 샘을 잘 그려냈다. 미국과 뉴욕의 힘을 상징했던 쌍둥이빌딩이 먼지로 사라진 뒤, 세계 종말의 분위기에서 유일한 지표로 멀리에 엠파이어스테이트빌딩이 보인다. 본토에 대한 거대하고 계획적인 공격으로 인해 이제 미국은 두 개의 대양으로 둘러싸여 있어도 적들로부터 안전하지 못한 상황이 되었다.

THERE ARE TWO KINDS
OF PEOPLE IN THE WORLD...

2001
INNOCENT
VICTIM

2001
COLLATERALLY
DAMAGED

모이어의 만평
호주, '시드니 모닝 헤럴드',
2003년 7월 23일

세상에는 두 종류의 사람이 있다.
왼쪽 죄 없는 피해자
오른쪽 2차적 피해자

9월 11일 저녁, 부시 대통령은 대국민 연설에서 테러리스트와 이들을 돕는 사람들 사이에 차이는 없다고 공표했다. 공격으로 죽은 피해자들의 원수를 갚기 위해 '테러에 대한 전쟁'이 선포되었다. 이튿날 UN 안전보장이사회는 만장일치로 미국의 개인적 및 집단적 정당 방어권을 인정해주었다. 이로써 미국의 아프가니스탄 군사개입과 이에 따르는 민간인의 피해가 정당화된 셈이다. 모이어는 바로 이 일방적인 권리에 대해 생각하도록 인도하며 특히 '2차적 피해'라는 완곡어법에 대해 주의를 환기시킨다. 이러한 지적은 미국이 이라크에 개입한 뒤 4개월 만에 나왔다는 점에서 더욱 시의적절했다.

하다드의 만평
레바논, '알 하야트',
2006년 9월 11일

9·11테러 5주년을 맞아 하다 드는 쌍둥이빌딩의 모습을 다 섯 번 표현했다. 상징적으 로 쌍둥이빌딩은 11이라는 숫자를 형성하면서 십자가 와 같은 도구가 되었다. 과 거 고문도구로 사용했던 수 법을 내세움으로써 레바논

의 만평가는 9·11 이후 이슬람교도 전체에게 가해지는 길고 모욕적인 처벌에 대해 경각심을 불러일으 킨다. 게다가 기독교 공동체의 주요 종교적 상징인 십자가를 사용함으로써 메시지는 더욱 강력해진다. 덧붙여 부시는 신앙의 정체성을 상징하는 십자가를 인류의 안녕을 보장하는 거처로 제시해왔다. 사우 디아라비아계 자본의 투자로 운영되는 '알 하야트'는 일반적으로 서구적 세계관에 대해 개방적인 아랍 세계의 대표적인 언론 가운데 하나다.

카뷔의 만평
프랑스, 『샤를리 에브도』, 2001년 9월 19일

"팔아!"

습격 일주일 뒤, 카뷔의 이 그림은 『샤를리 에브도』 1면을 장식했다. 이 만평을 통해 처음으로 세계무역센터의 내부, 즉 피해자의 입장에서 사건을 볼 수 있다. 쌍둥이빌딩은 뉴욕의 금융 중심인 맨해튼 남쪽 끝에 자리잡고 있었는데, 거기에는 아메리칸 익스프레스나 메릴린치와 같은 월스트리트의 대표적인 금융회사들이 입주해 있었다. 또한 매일 수억 달러에 달하는 커피, 설탕, 카카오 등의 가격을 결정하는 뉴욕상업거래소New York Mercantile Exchange라 불리는 원자재 시장도 있었다. 국제적인 비탄에도 불구하고 카뷔는 이 그림을 통해 돈에 대한 맹목적 집착을 비난한다.

2001. 10. 7
아프가니스탄에서
'테러와의 전쟁' 시작

미국 본토에 대한 공격이 이뤄진 지 한 달이 채 되지 않은 10월 7일, 아프가니스탄에서 군사작전이 시작되었다. '항구적 자유Operation Enduring Freedom'라는 작전명의 이 군사개입은 미국의 주도하에 오사마 빈라덴을 제거하고 알카에다 기지를 파괴해 탈레반 정권을 종결짓기 위한 목적으로 이뤄졌다. 물라 오마르의 탈레반 정권을 상대로 벌어진 전쟁의 첫번째 단계에서 서구세력은 타지키스탄 계열의 반정부세력인 북부동맹*을 군사적으로 지지하는 태도를 보였다.

---

* 탈레반 정권에 대항하기 위해 민족적 종교적으로 다른 7개 분파가 연합한 아프가니스탄 내 군사단체로, 단체 내 최대 파벌은 타지키스탄 종족이다.

랑헤르의 만평
아르헨티나, '클라린Clarlin',
2003년 10월 27일

파키스탄 국경 부근에서 12월 12일부터 17일까지 치러진 토라보라 전투 이후 탈레반 세력은 아프가니스탄 서남부와 동남부 일부의 작은 영토만을 통제하게 되었다. 이들이 권력을 잃게 되자 아프간 여성들은 전통 복장인 차도르를 더이상 의무적으로 입지 않아도 되었다. 서구의 언론은 이러한 변화를 아프간 여성의 인권 신장이라고 대대적으로 소개했다. 하지만 차도르의 작게 뚫린 부분을 미키 마우스 모양으로 그림으로써 아르헨티나의 풍자 작가는 탈레반의 지속적인 탄압의 무게와 세계화된 서구식 가치에 대한 개방 사이에서 아프간 사회 변화의 진정한 의미에 대해 의문을 제기한다.

11월 14일, 아프가니스탄의 수도 카불이 함락된 이후 스칸디나비아의 만평가는 그곳에서 일어나는 변화를 유머를 통해 표현했다. 탈레반 세력은 1996년 권력을 쟁취한 뒤, 엄격한 이슬람주의 질서를 강요한 바 있다. 이 질서의 한 규율에 의하면 남자는 턱수염을 면도하거나 손질해서는 안 된다. 만일 그럴 경우 턱수염이 수북하게 자랄 때까지 감옥에 갇히게 된다. 탈레반 정권이 붕괴되자 카불의 시민들은 이발소로 달려가서 수염을 자르기 시작했다. 이 턱수염은 아프가니스탄 내에서도 다수 종족이라고 할 수 있는 파슈툰족의 대표적인 외관상 특징이었고, 이 종족은 아프가니스탄뿐 아니라 국경 넘어 파키스탄에서도 다수가 거주한다.

2001년 9월 11일의 공격이 초래한 흥분 속에서 미국은 다양한 반테러 조치를 취했다. 부시 행정부가 정책을 주도했고, FBI나 CIA, 국방부 등의 행정부 조직이 사법부의 권력을 짓밟는 일이 발생했다. 특히 의회는 10월 25일, 거의 만장일치로 일명 미국 애국법The USA Patriot Act을 통과시켰다. 이 법에 의하면 행정부는 테러리스트로 추정되는 사람과 어떤 방식으로든 연결되었다고 판단되는 이의 커뮤니케이션을 도청할 수 있는 권리를 가진다. 이 법은 개인의 자유를 침범하는 것은 물론, 법적으로 전례 없는 상황을 만들었다는 점에서 미국시민자유연합의 강력한 비판 대상이었다.

앤 텔내스의 만평
미국, 2001년 12월 6일

"새해에는 담배도 끊고 술도 끊고 시민으로서의 내 권리도 끊을 작정이에요."

하다드의 만평
레바논, '알 하야트', 2001년

탈레반 정권이 붕괴되고 잔여세력이 산발적인 게릴라를 벌이는 상황에서 아프가니스탄 전쟁은 12월부터 두번째 단계에 돌입했다. UN이 수립하고 NATO가 주도하는 국제안보지원군이 형성되어 국가 재건에 나섰다. 동시에 국제안보지원군과는 별개로 미군은 여전히 테러조직에 대한 공격작전을 수행했다. 레바논의 하다드는 중무장한 미군 부대가 아프가니스탄 토라보라 산맥의 지하 터널을 뚫으며 여전히 탈레반을 추격하는 모습을 그렸다. 미군과 탈레반 세력의 장비가 차이 나는 것을 강조해 웃음짓게 하는 한편, 서구에서 등장하기 시작한 빈라덴 추적 실패에 대한 논쟁의 의미도 담았다.

2002. 1. 1
유로의 유통

2002년의 시작과 함께 유로는 당시 유럽연합 15개국 중 12개국의 공식화폐가 되면서 3억 800만 명의 주머니를 채우기 시작했다. 유로의 유통으로 세계에서 가장 강력한 경제화폐연합이 출범하게 된 것이다. 단일화폐를 만들자는 아이디어가 구체적으로 결정된 것은 1992년 마스트리히트 조약을 통해서다. 유로는 회원국 간 경제정책의 조율을 강화함으로써 정치적 통합을 목표로 한다. 2002년 3월 1일, 기존의 국가화폐를 공용했던 두 달의 과도기가 종결되고 유로만이 유일한 법적 화폐로 자리잡게 되었다. 이것은 역사상 최대의 화폐개혁이라고 할 수 있다.

브롬리의 만평
호주, '파이낸셜 타임스', 2002년

판화로 유명한 브롬리는 이 그림에서 19세기 유행하던 대중적 공포의 이미지를 활용했다. 이 장면은 셜록 홈스의 이야기, 특히 『바스커빌의 개』를 상기시킨다. 안개 낀 지역에서 묘비들 사이로 무엇인가 무서운 것이 나타나는데 그것이 바로 유로다. 이러한 과거의 이미지와 사람들이 입고 있는 빅토리아풍의 옷은 유로에 대한 공포가 시대에 걸맞지 않은 과거지향적 생각이라는 사실을 강조한다. 진부하고 전형적인 영국의 이미지를 활용함으로써 브롬리는 고정관념을 부각시킨다. 특히 유럽 통합에 대한 영국인들의 회의적인 태도와 그로 인해 자국화폐 파운드스털링의 환율을 유로와 연결시키는 것을 거부하는 정책에 대해 우스워하는 그림이다.

2002. 4. 21
르펜, 대선 결선투표 진출
제5공화국의 대지진

프랑스 대통령 선거 제1차 투표가 이뤄진 이날 저녁, 결과는 벼락과 같은 충격이었고 프랑스는 혼비백산했다. 장마리 르펜이 16.86%를 득표해 사회당 후보 리오넬 조스팽을 0.68%p 앞섬으로써 프랑스 정치사상 처음으로 극우 후보가 대선 결선투표에 진출하게 되었기 때문이다. 극우 정당 국민전선Front National의 후보는 프랑스 행정구역 중 3분의 1 이상의 지역에서 1위를 차지했으며, 이들 중 대부분은 국토의 동부에 자리하고 있었다. 그 어떤 여론조사도 이런 결과를 예측하지 못했기 때문에 충격은 더 컸다. 국제적으로도 이 놀라운 결과는 프랑스 대선에 대한 관심을 고조시켰다.

『쿠리에 앵테르나시오날』은 결선투표 전날에 출간된 제600호의 커버 만평으로 이 그림을 선택했다. 여기 등장하는 보통의 프랑스 사람은 나치의 두 가지 상징을 보여준다. 하나는 만자형卍字形 십자가이며, 다른 하나는 히틀러식 인사 방식이다. 하흐펠트가 독일에서 1939년에 태어났다는 사실을 감안할 때 이러한 표현의 의미는 특별하다. 그리고 이 1면 만평의 제목은 '프랑스여, 유럽(세계)이 너를 주시한다'라는 경고성 문구였다. 프랑스 선거에서 나타난 국민전선의 결과는 과거 비시 신드롬을 불러일으켰다. 이 어두운 시기의 기억은 여전히 프랑스에 큰 트라우마로 남아 있다. 다른 한편 자크 시라크는 대선 결선투표를 앞두고 치러지는 후보자 간의 토론을 상대가 장마리 르펜이라는 이유로 거절했다.

하흐펠트의 만평
독일, 『쿠리에 앵테르나시오날』, 2002년 4월 22일

Back into the Bottle !

쇠프는 이 만평에서 아라비안나이트에 나오는 알라딘과 그의 마술 램프를 재해석한다. 여기서 램프의 역할을 하는 것은 포도주병이다. 이 병에서 나오는 나쁜 괴물을 통해 쇠프는 19세기 후반 이후 프랑스의 극우 전통을 지목한다. 자크 시라크는 이 괴물을 다시 병에 집어넣기 위해 노력하는 모습인데, 이는 대선에서 프랑스 정치세력이 하나같이 시라크를 지지한 사실을 상기시킨다. 이 반극우 공동전선에는 두 개의 예외가 있었다. 하나는 르펜과 같은 극우 계열의 브뤼노 메그레가 이끄는 국민공화운동MNR, Mouvement National Républicain이었고, 다른 하나는 극좌의 노동자투쟁당Lutte Ouvrière으로서 두 후보 누구도 지지하지 말자고 주장했다. 5월 5일 결선투표 결과, 자크 시라크는 제5공화국 이래 가장 높은 지지율인 82%로 당선되었다.

4월 21일 저녁부터 시위가 시작되었다. 선거에서 가장 획기적인 사실은 저조한 투표율이었다. 프랑스 역사상 직접투표가 시행된 이후 대선 1차 투표에서 가장 낮은 투표율을 기록한 것이다. 샤파트는 이러한 패러독스를 지적하면서 반국민전선 플래카드를 변경시켜 유권자들의 자성을 촉구한다. 결선투표를 앞두고 프랑스는 흥분의 도가니에 빠졌다. 우선 수천 명의 시위대가 거리를 행진하기 시작했다. 처음에는 학생으로 구성된 시위였지만 점차 프랑스 사회의 다양한 계층이 참여했다. 4월 25일에는 70개가 넘는 도시에서 30만 명이 시위에 동참했으며, 최고봉은 5월 1일의 시위로 150만 명이 참가했다.

샤파트의 만평
스위스, '르 탕', 2002년 4월 25일

`르펜 얼굴 피켓` 르펜: 안 돼!
`큰 플래카드` 나는 멍청했어!
`피켓` 나도!
`작은 플래카드` 누구한테 하는 소리니!

2002
지구정상회의 제2장
요하네스버그

2002년 8월 26일부터 9월 4일까지 지속가능발전 세계정상회의WSSD, World Summit on Sustainable Development 가 UN의 주도하에 남아공에서 개최되었다. 100명이 넘는 국가원수와 수만 명의 정부 대표 및 NGO 대표가 요하네스버그에 모여, 미래의 지속가능한 발전을 위해 정치적 경제적 의지를 확고히 하려는 노력과 고민에 돌입했다. 이 회의의 목표는 10년 전 리우데자네이루에서 제도적이고 집단적으로 시작한 일을 지속하는 것이다. 결론적으로 요하네스버그 정상회의는 물, 에너지, 보건, 농업, 생명다양성 등의 우선적 분야를 중심으로 한 행동계획을 제시했다.

아레스의 만평
쿠바, '후벤투드 레벨데', 2002년 8월

리우, 교토, 요하네스버그.

요하네스버그 정상회의가 열리기 1년 전, 조지 W. 부시 미국 대통령은 '온실가스 배출 축소'를 위한 교토의정서의 미국 의회 비준을 포기했다. 하지만 미국은 2002년 당시 세계 인구의 5%임에도 불구하고 세계 탄소가스 배출량의 25%를 차지할 만큼 이 문제에 관한 한 가장 중요한 나라였다. 게다가 부시 대통령은 정상회의에도 참여하지 않고 대신 국무장관 콜린 파월을 보내기로 결정했다. 이 회의에서 참여국들은 세계 에너지 생산에서 재생 가능한 에너지의 비중을 늘리기로 약속했지만 그 어떤 데드라인이나 구체적 목표를 결정하는 데는 실패했다.

2002. 10. 27
룰라 브라질 대통령 당선
혹은 부드러운 혁명

루이스 이나시우 룰라 다시우바, 일명 '룰라'는 결선투표에서 61%의 지지율을 얻어 브라질의 대통령으로 당선되었다. 그의 승리는 브라질 역사뿐 아니라 라틴아메리카 역사의 중요한 전환점을 형성했다. 룰라는 브라질 동북부 출신으로 아주 어린 나이에 일을 시작해 브라질 노동운동의 리더로 성장했다. 1980년에 노동당을 창당해 최초로 브라질 노동계급의 이익을 대변하기 시작했다. 그는 엄청난 인기를 기초로 2006년 재선되었고, 룰라 정권 아래 빈곤층은 절반으로 줄었으며, 브라질은 급부상하는 세력의 서클에 들어가게 되었다.

옴부의 만평
우루과이, 2002년 10월 28일

옴부는 룰라를 노동당의 무희로 표현함으로써 그가 지켜야 할 다양한 선거공약을 상징했다. 룰라와 노동당은 매우 어려운 정치적 상황에 처해 있었는데, 의회 513석 중 노동당 의석은 91석에 불과했다. 따라서 노동당은 토지의 불평등한 배분을 비난해온 무토지농민운동MST과 연합해 농지개혁을 추진했다. 소득의 불평등과 관련해서는 빈곤율을 줄이기 위해 기존의 조건부 재정 지원 정책을 재고하겠다고 밝혔다. 이 만평가는 승리가 확정된 이후 룰라의 미래 경제정책과 노동당의 사회적 계획이 상호 절충 가능한지에 대해 의문을 제기하고 있다. 왜냐하면 브라질의 재계와 성장의 필요성이 새 정부에 강한 압력과 제약이 될 것이기 때문이다.

'질서와 진보'는 프랑스 철학자 오귀스트 콩트에게서 영감을 얻은 브라질의 표어다. 쇠프는 브라질 국기를 재구성함으로써 브라질 역사에 룰라가 입성했다는 사실을 표현했다. 최초의 좌파 대통령이자 급진적 노동운동가인 룰라는 대선 캠페인 기간 동안 담론의 톤을 온건하게 조정했고, 변화를 추진할 수 있는 국가 지도자로 스스로를 부각시켰다. 그의 당선 당시 브라질은 사회적 변화에 대한 필요성이 절박했는데, 그 때문에 룰라라는 이름은 새로운 질서를 의미했다. 교육, 보건, 실업, 참여민주주의 등의 분야에서 룰라가 이끄는 변화는 브라질을 무한정 꿈꾸게 만들었다. 쇠프는 이 그림을 통해 오랜 역사 동안 무시당해온 브라질의 소외된 사회계층에게 꿈을 심어준 룰라를 표현했다.

올리버 쇠프의 만평
오스트리아, '데어 슈탄다르트', 2002년 10월 28일

룰라와 진보

2007년 7월 7일, 인터넷에서 행해진 새로운 세계 7대 불가사의 투표에서 브라질 리우데자네이루의 상징인 예수상이 선정되었다. 카우는 이 기회를 통해 브라질 대통령이 벌이고 있는 에탄올 선전 캠페인을 비판한다. 왜냐하면 브라질은 사탕수수나 곡식으로 만드는 바이오 연료의 생산에 선도적인 국가이기 때문이다. 특히 사탕수수를 활용해 에탄올을 대량 생산하는 국가다. 룰라는 두번째 임기에 자국의 에너지 자급자족을 위해 이 새로운 재생 가능한 에너지에 집중투자했다. 그리고 브라질의 에탄올을 세계시장에서 거래되는 에너지로 발전시키기 위해 외국에 나갈 때마다 그 우수성을 선전하곤 했다. 이러한 룰라의 경제 및 정치적 행위를 카우는 길거리 장사꾼으로 표현했는데, 룰라는 실제로 어린 시절에 거리장사를 하기도 했다.

카우 고메스의 만평
브라질, 2007년 7월 7일

"세계의 새로운 불가사의"
"이 에탄올은 싱싱합니다!"

샤파트는 이 그림을 통해 구두닦이 소년 룰라가 승리한 뒤 브라질의 군중이 환호하는 모습을 브라질에 대한 채권자의 비관적 시각과 시장의 의심에 대비해 보여준다. 룰라는 대선 캠페인에서 국제통화기금의 구제금융을 받고 있는 브라질이 스스로 채무를 완전히 이행할 것이라고 밝혔다. 그는 전임자 페르난두 엔히크 카르도주 대통령이 1999년 레알화의 평가절하 이전에 빌린 국내총생산 62%에 달하는 엄청난 부채를 '저주받은' 유산이라고 표현했다. 게다가 선거 직전에 카르도주 대통령은 국제통화기금으로부터 300억 달러의 돈을 추가로 빌렸다. 하지만 2012년 상황의 전환은 놀랍다. 브라질은 세계 6대 경제강국이자 국제통화기금의 채권국으로 돌변했다.

샤파트의 만평
프랑스, '인터내셔널 헤럴드 트리뷴International Herald Tribune', 2002년 10월 30일

"빈손으로 시작한 사람이 말이야!"
"결국 2600억 달러의 빚을 졌지요!"

2003. 3. 20
이라크에 대한 선전포고
사담 후세인 정권 붕괴

미국 대통령 조지 W. 부시와 영국 총리 토니 블레어는 알카에다 테러리즘의 박멸과 이라크에서 추진중인 대량 살상무기 제거를 목표로 2003년 3월 20일, 독재자 사담 후세인 정권을 무너뜨리기 위한 '이라크의 자유'라는 대규모 군사작전을 시행했다. 하지만 전쟁이 시작되고 불과 몇 주 만에 위에서 주장한 두 가지 이유가 모두 거짓이었음이 드러났다.

칼의 만평
미국, 『이코노미스트』, 2004년

"BLT(베이컨, 상추, 토마토) 샌드위치를 먹어야겠군."
상단 메뉴판 위 점심 메뉴
하단 키보드 탁탁탁!
하단 서류 위 정보 보고
"이라크가 곧 WMD(대량살상무기)를 가질 예정이라구!"

백악관은 전쟁을 정당화하기 위해 이라크가 미국민을 대상으로도 활용하려는 대량살상무기를 영토 내에 보유하고 있다고 주장했다. 그러나 미군이 이라크에 진출한 뒤 현장에서는 미국 정보부가 지목했던 장거리 미사일이나 화학 또는 생화학 무기 창고를 전혀 발견할 수 없었다. 이러한 보고는 이미 UN 감독관들이 했지만, 미국과 영국 정부는 이를 무시한 바 있다. 미국 역사상 부시 정부만큼 거대한 규모의 정보조작을 한 정부는 없었다. 영국의 유명 경제지 『이코노미스트』에서 일하는 미국 코네티컷 출신 만평가 칼은 미국 정보의 전달 과정을 이야기 전달 놀이에 비유했다. 미국에서 제일 인기 있는, 베이컨과 상추와 토마토가 들어간 BLT 샌드위치가 대량살상무기를 의미하는 WMD^Weapons of Mass Destruction로 돌변하는 정보조작 과정은 매우 재미있는 발상이다.

하흐펠트의 만평
독일, '노이에스 도이칠란트', 2003년 3월 21일

독일의 19세기 화가 율리우스 슈노어 폰 카롤스펠트가 성경을 바탕으로 그린 작품 〈약속된 땅을 바라보는 모세〉를 모태로 하흐펠트는 바그다드를 공격하며 하느님의 뜻을 이룬다고 생각하는 미국 대통령을 그렸다. 이를 통해 작가는 조지 W. 부시가 복음주의자 기독교도임을 상기시킨다. 전도에 적극적으로 나서는 이 천년지복설千年至福設의 종파에 의하면, 심각한 알코올중독 문제를 극복하고 인생의 전환점을 맞은 부시는 '새로 태어난 기독교인'이다. 신으로부터 임무를 부여받았다고 생각하는 부시는 세계를 성경적 시각으로 바라보고 이라크 전쟁을 정당한 전쟁이자 악의 힘과 싸우는 전쟁으로 여겼다. 하흐펠트는 전쟁에 대한 이 같은 사고와 정치 종교 간 상호관계가 미국의 정책을 설명한다고 보는 것이다. 실제로 미국은 현장에서 대량살상무기를 발견하지 못했다는 UN 감독관들의 보고에도 불구하고 이라크를 침공했다. 미국을 중심으로 한 연합군에는 모두 30여 개국이 참여했다.

이라크의 아부그라이브 교도소는 사담 후세인 정권 아래 고문이 자행되던 곳이다. 미군은 2003년, 이 감옥을 인수해 다시 열었다. 그리고 2004년에는 이곳에서 미군이 죄수들을 모욕하고 고문한 사진이 전 세계로 퍼짐으로써 스캔들을 일으켰다. 이 자피로의 만평은 세계 언론의 1면을 장식한 두 장의 사진을 재해석했다. 하나는 나체의 죄수가 개처럼 목줄을 달고 있는 모습이고, 다른 하나는 미 여군이 재미있어하며 담배를 피우는 모습이다. 하지만 그 여군 역시 당시 국방장관인 럼즈펠드에게 목줄이 묶여 있다. 이 만평을 통해 자피로는 미군이 사용하는 방법을 비판한다. 특히 그의 관점은 반전운동의 시각을 반영하며 미국의 군인들 역시 부시 정책의 피해자임을 보여준다. 실제로 재판을 받게 된 대부분의 군인들은 상부의 명령을 문제삼았다.

"여기 목표물 목록이 있는데, 핼리버튼과 기타 회사들이 재건 계약을 맺은 곳들이야…"

댄지거는 이 만평을 민간 건설회사 핼리버튼Halliburton과 이 회사의 대표이사 출신인 부통령 딕 체니의 부패고리에 대한 비판에 활용한다. 핼리버튼은 다양한 사업을 벌이는 가운데 인프라와 건축 부문이 특기인데, 미국의 이라크 침공과 밀접한 관계가 있는 것으로 드러났다. 또한 체니는 이 회사에 많은 재정적 투자를 하고 있었다. 군사작전이 시작되기 이전부터 핼리버튼은 재건과 관련된 계약을 맺기 시작했다. 국방 로봇과 커뮤니케이션 분야 회사로서 세계에서 가장 강력한 투자회사 중 하나인 칼라일Carlyle 역시 부시 행정부와 긴밀한 관계를 맺고 있었다. 결국 이라크 전쟁은 미국 안보와 전쟁 분야라는 짭짤한 산업에 많은 돈을 벌게 해주었다.

안토니오의 만평
포르투갈, 『엑스프레소』, 2003년

2003년 2월 5일, 콜린 파월이 이라크에 대량살상무기가 존재한다는 유명한 연설을 할 당시, UN 안보리 입구에 걸려 있는 작품 〈게르니카〉에는 푸른색 천이 덮였다. 피카소의 걸작 〈게르니카〉는 스페인 내전 당시 프랑코 군대의 잔혹한 탄압을 비유해서 그려진 작품이었고, 그 때문에 전쟁의 비인간성에 대한 보편적 저항의 의미를 담고 있었다. 미국무장관이 이라크에서 전쟁을 시작하기 위해 UN 안보리의 지지를 얻으려고 연설하는 상황에서 의도적으로 이 그림을 천으로 감추었던 것이다. 이 연설은 UN 안보리의 지지를 확보하지는 못했지만 부시는 얼마 뒤 이라크에 융단폭격을 가했다. UN 사무총장 코피 아난은 이제 〈게르니카〉의 부서진 조각을 청소하는 입장이 되었다.

`대량살상무기`

WEAPONS OF MASS DESTRUCTION

9·11 이후 미국과 유럽에서는 이슬람과 이슬람주의, 그리고 테러리즘을 연결지어 인식하는 신보수주의 이데올로기가 기승을 부렸다. 정치와 종교가 뒤얽힌 이 이데올로기 덕분에 미국은 국방예산을 대거 늘릴 수 있었고, 이라크를 테러리즘을 지지하는 깡패 국가로 지목했다. 사실 이라크의 독재자는 외국에 대한 위협보다는 자국민을 난폭하게 탄압했다. 하지만 미국은 그를 제거한다는 도덕적 목표를 통해 이라크를 세계적 위협으로 규정해 공격했고, 그에 따라 '예방 전쟁'이라는 개념이 등장했다. 콘래드는 '예방 전쟁'의 주도자인 부시, 체니, 럼즈펠드를 대량살상무기로 표현하면서 러시모어 산*의 조각으로 등장시켰다.

`"어이, 자크! 자크 시라크! 이제 친구한테 인사도 안 하나?"`

`"사담, 이 멍청이 같은 녀석! 내가 요새 부시랑 화해하려고 하니까 남들 앞에서 나한테 말 걸지 마."`

`"여자한테 차도 한잔 안 사줄 거야?"`

올리판트는 미국인이 좋아하는 파리 카페의 테라스를 배경으로 사담 후세인과 자크 시라크의 어색한 만남을 연출했다. 프랑스와 이라크의 긴밀한 관계는 자크 시라크가 총리였던 1975년 사담 후세인이 프랑스를 방문하면서 시작되었다. 그러나 바그다드 정권이 붕괴되고 사담 후세인이 숨어버리면서 프랑스-이라크 관계는 거추장스러운 과거가 되었다. 2003년 3월, 프랑스 대통령 시라크는 이라크에 대한 군사행동을 허락하는 UN 안보리의 두번째 결의안에 비토를 놓겠다고 선언했다. 그리고 외무장관 도미니크 드빌팽은 UN에서 전쟁에 반대하는 강력한 연설을 행했다.

---

* 미국 사우스다코타 주에 있는 산으로, 미 대통령 4명(워싱턴, 링컨, 제퍼슨, 루스벨트)의 두상이 거대하게 조각되어 있다.

카마구르카의 만평
벨기에, 2003년

이라크: 감독관들이 일을 시작하다.
"당신 남편, 여기 있어요?"

2002년 11월 8일, UN 안보리 결의안 1441호는 이라크가 대량살상무기 프로그램을 모두 종료하지 않으면 무력행사를 할 수 있음을 강조했다. UN 감독관들이 이라크로 파견되었지만 이들의 보고서는 그 어떤 대량살상무기의 존재도 확인하지 않았다. 부시행정부는 영국 토니 블레어 총리의 지원 아래 보고서를 무시했다. UN 총회에서 미국무장관 콜린 파월은 대형 화면에 파워포인트를 띄워가며 대량살상무기의 존재를 증명해 보였다. 그러나 얼마 뒤 이것이 국가 차원의 황당한 거짓말이라는 사실이 드러났다. 벨기에의 만평가는 여기서 무기 조사 작업중인 감독관들의 관심을 무기로부터 다른 곳으로 돌렸을 만한 문화적 이유에 대해 유머를 발휘하며 서구인들이 이슬람 여인들에 대해 가지는 편견을 꼬집는다.

2003. 8. 30
에이즈와 세계무역기구
남부 국가의 제네릭 약품* 사용권

2003년 당시 전 세계에는 에이즈에 감염된 사람이 4천만 명에 달했고, 그중 60%는 사하라 이남 아프리카에 있었다. 그곳에서는 여전히 전염병이 확산되고 있었지만, 항바이러스 치료를 받을 수 있는 환자층은 매우 제한적이었다. 세계무역기구는 다년간의 협상 끝에 저개발 국가 49개국에서 의약품 특허를 이용할 수 있는 조약을 체결했다. 이로써 세계무역기구는 일부 국가가 해당 회사의 허가 없이도 특허를 이용할 수 있도록 허용했고, 결과적으로 에이즈나 다양한 전염병을 퇴치하고 치료하기 위해 제네릭 약품을 생산하거나 수입할 수 있는 길을 열어주었다.

---

* 특허 기간이 만료된 오리지널 의약품의 복제약.

자피로의 만평
남아공, '인디펜던트 뉴스페이퍼Independant Newspaper', 2006년 6월 15일

그림 위 새로운 투쟁
어린이 옷 위 에이즈

이 만평은 1976년 6월 16일, 남아공 소웨토에서 샘 은지마가 찍은 유명한 사진을 재현한다. 그 사진은 프리토리아 정부의 탄압으로 숨져가는 열두 살 소년 헥터 피터슨을 보여주는 작품이었다. 자피로는 이 사진을 활용해 에이즈의 무서운 결과에 대해 남아공 여론에 경각심을 불러일으킨다. 그는 특히 아파르트헤이트가 종결된 지 12년이 지났지만 의료 시스템은 여전히 흑인 계층에게 혜택을 주지 못한다는 사실을 비판한다. 그리고 타보 음베키 대통령이 여전히 항바이러스 약품의 사용을 반대한다는 사실도 지적한다.

서구 제약회사가 아프리카에서 에이즈 약을 원가에 팔기로 결정하다(하루 2달러).

"대단한 소식입니다! 우리는 여러분을 구하기 위해 왔습니다! 하루에 2달러만 내면 돼요!"

"자, 그럼 누가 일등으로 2달러를 내겠습니까?"

"자, 밀지 마세요. 약은 충분합니다!"

"비자요? 아님 마스터카드?"

Western Drug Firms Agree to Sell AIDS Drugs in Africa at Cost
(About $2.00 a day)

2000년 5월에 베링거인겔하임, 브리스톨마이어스스큅, 글락소웰컴, 호프먼라로슈, 머크 등 5대 대형 제약회사는 자신들이 생산하는 약품 중 AZT처럼 에이즈 치료에 쓰이는 약을 가난한 나라에서는 가격을 낮추겠다고 대대적으로 선전했다. 액세스Access라고 불리는 이 캠페인은 가격을 내림으로써 현지 시장에서 구할 수 없는 약을 제공하는 데 그 목적이 있었다. 그러나 댄지거는 빈곤국 상황에 비추어볼 때 여전히 이들의 노력이 부족함을 지적한다. 제약회사들은 미국이나 프랑스의 높은 임금비용뿐 아니라 주주들에게 높은 배당금을 지급해야 하기 때문에 여전히 제네릭 약품보다는 훨씬 비싸게 해당 약품을 팔고 있었던 것이다. 예를 들어 에이즈 삼제요법*은 서구시장에서 1인당 1년에 1만 달러가 소요되었지만, 인도에서 생산한 제네릭 제품은 800달러면 충분했다.

---

* 에이즈 치료법 중 하나로 세 가지 이상의 약제를 동시에 복용하는 방법.

앤 텔내스의 만평
미국, 2002년 7월 5일

"좋아요, 콘돔을 사용하지 않았군요."

배 위 아프리카
낫 위 에이즈

빈곤국 여성이 처한 조건에 대한 미국 만평가 텔내스의 지대한 관심을 여기서 발견할 수 있다. 2002년 당시 세계 인구의 10%에 달하는 인구가 살던 사하라 이남 아프리카에는 에이즈 감염자의 60%가 있었는데, 대부분의 어린이들은 모자母子 감염으로 병을 얻었다. 이 그림을 통해 앤 텔내스는 아프리카 대륙의 보건상황에 대해 교황 요한 바오로 2세가 취하는 입장을 비난한다. 적어도 아프리카 주요 수도에서 임신 여성의 에이즈 감염 비율이 20%가 넘는 상황인데, 어떻게 콘돔 사용을 장려하지 않을 수 있단 말인가.

2003~2006
사스와 조류독감
세계적 주의보

2003년 3월 12일, 세계보건기구는 사스SARS라는 신종 전염병과 관련해 세계적 주의보를 발효했다. 또한 그로부터 몇 개월 뒤 2004년으로 넘어가는 시기에는 H5N1이라는 조류독감 바이러스가 전파됨으로써 긴급상황이 발생했다. 이 두 종류의 바이러스는 원래 동물에 감염되는 강력한 병균이지만 인간에게 전염될 수 있다. 이러한 동물병의 확산은 인간이 지구환경에 미치는 영향과 직접적으로 관련된 유행병의 문제라는 점에서 새로운 현상이라고 할 수 있다.

조류독감 바이러스가 인간에게 처음 발견된 것은 1997년 홍콩이다. 이 병은 2004년 초, 아시아 10여 개국으로 퍼지면서 광범위하게 재발했다. 그리고 2005년 여름, 중앙아시아를 거쳐 2006년 3월에 폴란드로 전파되었다. 원래 조류에게서 나온 바이러스지만 유전자 변형을 통해 인간 사이에 대규모로 확산될 수 있다는 사실이 밝혀졌다. 이로써 전 세계에 걸쳐 전염병의 유행이 예상되는 상황에서 사프카는 대중의 공포를 상대화한다. 그가 관심을 표명하는 것은 조류독감보다는 자국의 경제상황이다.

키슈카의 만평
이스라엘, 『쿠리에 앵테르나시오날』 홈페이지,
2006년 12월 21일

벨기에 출신의 키슈카는 프랑스의 상
징인 갈리아의 수탉을 바람개비 위
에 놓음으로써 2006년 프랑스 당
국의 두려움을 꼬집는다. 1월 6일,
인간에게 조류독감이 전염된 첫
사례들이 발견되자 프랑스는 독감
의 전국적 유행을 예방하기 위해
정부대책을 수립했다. 60%의 지
역에서 조류의 격리와 감시 체제
에 들어갔다. 1월 15일, 보건감시
당국은 프랑스 인구의 15~35%가
H5N1 바이러스의 변형으로 인한
전국적 유행에 노출될 수 있다고
발표했다. 하지만 유행병이 돌고
난 뒤 유럽연합에서는 한 명의 사
망자도 발생하지 않았다. 국가 차
원에서 조류독감에 대비해 다양
한 정책을 발동시킨 것은 잘한 일
인가? 예방의 원칙에 대해 항상 반
복되는 질문은 다음과 같다. 지나
치더라도 조심하는 것이 나은가,
아니면 덜한 것이 나은가?

튜닌의 만평
러시아, 『러시안 뉴스위크Russian Newsweek』,
2006년 1월 16일

H5N1 바이러스가 러시아에 등장한 것은 2005년 8월이며, 2006년 초까지 광범위하게 퍼졌다. 유럽연합
에서는 첫번째 사례가 영국에서 2005년 10월에 발생했다. 바이러스의 전염경로는 잘 알려지지 않았지
만 조류 관련 상품의 교역이나 야생조류의 이동과 관련이 있는 것으로 드러났다. 튜닌은 만평을 통해
조류와 관련된 일종의 정신병적 집착을 비난한다. 당시 조류의 이동과 관련해 일부 지역을 격리시키는
조치들이 취해졌다. 그리고 비상상황이 선포되었지만 인간에게 전염된 경우는 적은 편이었다. 2008년
당시 전 세계적으로 사망자는 280여 명이었는데, 세계보건기구는 바이러스가 변형될 경우 700만에서
1천만 명이 사망할 수 있다고 예측했었다.

샤파트의 만평
프랑스, '인터내셔널 헤럴드 트리뷴', 2003년 4월 10일

싱가포르, 베트남, 홍콩, 중국, 정부.

2002년, 중국 광둥 성에 나타난 사스 바이러스는 2003년 3월에 홍콩으로 넘어갔다. 그리고 홍콩의 호텔 등을 통해 동남아와 북아시아로 전파되었다. 그럼에도 불구하고 중국 정부는 국내 감염자 수에 대한 정보 제공을 거부했다. 샤파트는 여기서 보건위험에 대한 중국 정부의 무책임을 비난하는 한편, 공기를 통해 전염되는 바이러스의 확산을 강조한다. 중국 정부는 일주일 뒤 태도를 돌변해 베이징의 상황과 감염자 수 등을 발표했다. 2003년 7월, 사스는 5개 대륙에 모두 퍼져 8400명이 감염되고 그중 812명이 사망했다.

시그네 월킨슨의 만평
미국, 2003년 9월 4일

"사람들에게 비행기 여행의 재미를 다시 느끼게 해야 하는데!"
검색문 당신
검색대 당신의 짐
책상 위 사스 마스크
안내문 분쟁지역—이라크, 발리, 아프가니스탄, 콜롬비아
쓰레기통 위 당신의 남은 권리

사스 바이러스는 공항과 같이 사람들이 밀집하는 장소에서 많은 변화를 초래했는데, 항공기를 통해 전 세계로 전파되었다는 사실이 밝혀지면서 이런 현상이 더욱 강화되었다. 시그네 월킨슨은 이 만평을 통해 사스 유행 지역에서 오는 승객들에 대한 미국 공항의 예방조치에 대해 비판의 펜을 돌렸다. 미국은 비슷한 상황의 유럽보다도 훨씬 강력한 예방과 검사 대책을 시행했다. 이처럼 전염병 위험을 축소하기 위해 만들어진 막대한 보건감독 체계는 2001년 9·11테러 이후 미국 본토에 대한 테러리즘을 방지하기 위해 내려졌던 조치를 직접적으로 재현하는 셈이었다.

2004. 5. 1
EU 25
유럽연합의 역사적 확대

유럽은 소련이 붕괴된 1991년 직후, 신입 회원국 가입 절차를 만들었다. 그리고 2004년 5월 1일에 이 절차에 따라 신입 회원 10개국을 받아들였고, 2007년 1월 1일에는 불가리아와 루마니아를 잇달아 가입시켰다. 이 같은 확대는 두 가지 점에서 역사적 의미를 가진다. 하나는 유럽연합 회원국의 수가 15개국에서 단숨에 25개국이 된다는 사실이다. 다른 하나는 유럽이 중부와 발칸반도로 확대됨으로써 50여 년간의 분열과 냉전이 끝나고 유럽 '대륙'의 통일이 완성되었다는 의미다. 유럽의 민족들은 이제 서로를 다시 만나 알아가야 하는 과정에 돌입했다.

이크의 만평
알제리, '르 마탱Le Matin', 2004년 5월 4일

동부의 10개국이 유럽연합에 가입하다…
"서유럽 연합에!"

이크는 알제리의 캐리커처 작가로 '르 마탱' 신문이 2005년에 문을 닫을 때까지 이 매체에 작품을 게재했다. 그는 작품 때문에 여러 건의 소송에 말려들기도 했는데 민족해방전선 정부와 알제리 이슬람주의자 양쪽에서 모두 불편해하는 존재다. 그는 이 작품에서 유럽연합 내부에 존재하는 동서 갈등을 비꼰다. 동구의 전통의상을 입은 나이 많은 사람들이 하나같이 그들이 새로운 유럽에 속하게 되었다는 사실을 강조하는데, 그 유럽은 서유럽이다. 2004년의 확대는 과거 소련에 속해 있었던 에스토니아, 라트비아, 리투아니아는 물론 소련의 위성국가였던 헝가리, 폴란드, 체코와 슬로바키아 공화국 등을 포함한다.

요스 콜리뇽의 만평
네덜란드, 2004년

왼쪽에서 오른쪽으로 신입 회원국. 인권법원. 유럽평의회. 유럽연합. 민주주의.

중부 및 동부 유럽의 국가들은 단일정당 체제를 포기하고, 해체된 소련의 영향권에서 벗어나 유럽공동체에 가입하겠다는 의사를 밝혔다. 이처럼 유럽에 가입하기를 희망하는 국가들을 포괄하기 위해 만들어진 것이 1993년의 '코펜하겐 기준'이다. 미래 회원국 가입에 대한 진정한 조건이라고 할 수 있는 이 기준에는 민주주의를 보장하는 안정적 제도, 법치 국가, 그리고 인권 및 소수민족의 권리보장 등이 있다. 왜냐하면 이들 국가의 민주주의에 대한 우려가 급격하게 제기되었고, 특히 헝가리에 사는 다양한 소수민족이나 발트 연안국에 있는 러시아 소수민족에 대한 문제가 드러났기 때문이다.

바르드의 만평
스웨덴, '다옌스 뉘헤테르', 2004년 4월 30일

"드디어!" 묘비 위 샤를마뉴 742~814년

스웨덴의 자유주의 성향 신문에 게재된 이 만평은 10개의 신입 회원국이 브뤼셀의 유럽의회로 향하는 모습을 보고 묘지의 샤를마뉴*가 흡족해하는 광경이다. 실제로 샤를마뉴는 기독교 유럽의 경계를 엘베 강까지 확장시킨 인물이다. 9세기 뒤 나폴레옹 1세 역시 이 강변까지 세력을 확장했었다. 폴란드와 체코공화국, 그리고 심지어 발트3국마저 유럽에 참여함으로써 동부 경계는 샤를마뉴나 나폴레옹의 것보다 더 확장된 셈이다. 2004년의 유럽연합 확대로 면적은 25%나 늘어났다. 샤를마뉴는 그의 종교적이고 문화적인 유산 덕에 유럽의 이상을 개척한 위인 중 하나로 여겨진다.

안토니오의 만평
포르투갈, 『엑스프레소』, 2004년

2004년 5월 1일의 확대로 유럽연합의 인구는 21% 가까이 늘어난 데 반해 1인당 국내총생산은 10% 정도 줄었다. 2004년부터 2006년 사이 신입 회원국 관련 지출은 400억 유로에 달했는데, 그렇다면 신입 10개국은 유럽이라는 젖소를 재정적으로 활용하기 위해 가입했단 말인가? 이러한 단순한 논리는 적절해 보이지 않는다. 왜냐하면 유럽연합의 경우, 확대로 인해 당장은 지출이 많이 늘어날 수 있지만 장기적으로 신입 회원국의 경제 수준이 기존 회원국과 비슷해지면서 경제 수렴 현상이 나타난다면, 이들이 새로운 소득의 원천으로 작용할 것이기 때문이다. 물론 포르투갈과 에스토니아 사이의 3천 킬로미터가 넘는 거리를 감안할 때 포르투갈인들이 유럽연합을 이 만평의 긴 젖소처럼 인식할 수 있다. 이 젖소의 무늬에서 우리는 유럽연합의 지도를 읽을 수 있다. 안토니오는 그 많은 국가와 사람을 먹여 살려야 한다는 메시지, 그리고 이에 대한 포르투갈의 공포를 표현한 것이다.

---

* Chalemagne(742~814), 오늘날 서유럽의 토대를 만든 프랑크 왕국의 대제.

2004. 12. 26
쓰나미 대참사

2004년 12월 26일의 쓰나미는 동남아와 인도양, 그리고 아프리카 해안의 5개국을 다양한 강도로 강타했는데, 하루 만에 30만 명이 넘는 사람이 죽었다. 해저 지각판의 충돌로 발생한 지진은 동남아 수마트라 섬 부근에서 시작되었다. 리히터 진도 9를 기록한 쓰나미의 증폭된 에너지는 수면에 물기둥과 파고를 일으키며 사방으로 멀리 그리고 무척 빠른 속도로 퍼져나갔다.

요스 콜리뇽의 만평
네덜란드, 2004년 12월

···스마스 앤드 해피 뉴 이어!

떠내려가는 인사말을 통해 요스 콜리뇽은 대참사와 연말연시의 가벼운 축제 분위기를 대조시킨다. 이 만평에서 우리는 쓰나미의 힘을 발견할 수 있고, 그것이 해변에 있던 관광객과 그곳에 사는 사람들을 얼마나 짚겁하게 공격했는지 알 수 있다. 수마트라 섬의 경우 피해자의 75%는 아체Aceh* 지역 출신이었지만, 언론이 관심을 가졌던 것은 이 시기에 아시아에 놀러갔던 많은 서구 관광객의 상황이었다. 또한 40여 개국의 관광객이 있었기 때문에 쓰나미 사건이 전 지구적 파장을 일으킨 것도 사실이다.

---

* 수마트라 섬 북부의 특별자치구.

가로등을 켜는 사람,
페르자트

시리아에서는 반정부 시위가 2011년 2월부터 서서히 확대됐다. 8월 25일 새벽 5시쯤 시리아의 수도 다마스쿠스 내 경찰이 감독하는 치안이 가장 좋은 구역에서 알리 페르자트는 사무실을 나와 차를 타고 집으로 돌아가는 중이었다. 그는 페이스북에서 자주 죽음의 위협을 받았기 때문에 관심을 끌지 않고 조용히 다니는 데 익숙해져 있었다. 하지만 친정부 민병대원들이 그의 차를 세워 그를 밖으로 끌어낸 뒤 무차별 폭행했다. 이 불한당은 몽둥이로 그를 때렸고 특히 손을 노렸다. 페르자트의 증언에 의하면 "손을 때려 부숴. 바샤르와 역대 대통령들, 그리고 장군들에 대한 그림을 더이상 못 그리도록! 교육 좀 시키란 말이야!"라는 소리가 들렸다고 한다. 페르자트는 그후 잠시 납치를 당했고, 그의 그림과 소지품이 담긴 가방을 빼앗겼으며, 다마스쿠스 공항으로 가는 길에 버려졌다. 그가 의식을 잃고 쓰러져 있자 지나가던 운전자들이 그를 알라지 병원으로 실어갔다. 그가 공격을 당한 뒤 알라지 병원에서 찍힌 무참한 사진은 트위터를 통해 빠른 속도로 퍼졌고 전 세계에 이 사건이 알려졌다. 페르자트는 곧바로 수많은 만평가들의 지지를 받았는데 특히 이스라엘에서 키슈카가 지지를 보냈다. 이집트에서는 그의 작품을 기념하는 전시회가 열렸다. 2011년 10월 27일 유럽의회는 그에게 사하로프 상을 주었는데, '배타성과 맹신성, 탄압에 저항하는' 인물을 위한 상으로 페르자트의 자유로운 정신을 높이 평가한 결과다. 페르자트는 아랍의 봄을 주도한 네 명의 인권운동가와 함께 상을 받았다. 오늘날 페르자트는 쿠웨이트에서 망명생활을 하고 있다. 그의 손은 여전히 통증이 있지만 다시

익명의 만평
페르자트의 서명을 흉내 낸 작품, 2011년 8월

일할 수 있을 정도로 회복되었다. 그는 블로그에 만평을 발표하는데, 자신에 대한 공격을 주문한 바샤르 알아사드의 초상화를 훌륭하게 그려냈다. 아마 이해했겠지만, 페르자트는 시리아의 가장 대표적인 예술가이자 아랍 세계의 위대한 만평가 가운데 한 명이며, 세계적으로 알려진 반정부 인사다. 무엇보다도 페르자트는 자유인이다.

오늘날 페르자트는 쿠웨이트로 망명해 살고 있다. 손은 여전히 통증이 있지만 이제 다시 작업을 조금씩 할 수 있게 되었다.

페르자트는 타고난 만평가라고 할 수 있다! 시리아 하마에서 태어난 그는 불과 열두 살의 나이에 프랑스와 알제리 간의 1962년 에비앙 조약에 대한 만평을 일간지 '알아얌'에 투고했다. 그리고 1면에 실렸다. 1970년대 초, 그는 다마스쿠스의 여러 신문과 잡지, 공식 언론과 비공식 언론, 군부 언론과 민간 언론에서 다양하게 활동했다. 시리아의 사회체제에서 멀리 동떨어져 활동하지는 않았던 것이다. 그의 만평은 그가 스스로 밝히듯이 시각적으로 볼 수 있는 조용한 언어의 게임이다. 누구나 우스꽝스럽게 표현하고, 특히 장군들이 그의 표적이다. 1980년대 '알타우라'라는 신문이 그의 만평 게재를 중단하자 독자들이 불만을 표시했다. 신문의 판매량도 줄었다. 그리고 한 달 뒤 편집국은 그를 다시 불렀다.

하페즈 알아사드*는 페르자트가 눈에 띄자 증오했고 결국은 활동을 금지시켰다. 그러나 2000년 그의 아들 바샤르가 집권하면서 시리아인들은 일종의 '다마스쿠스의 봄'이 시작되었다고 생각했다. 이 짧은 개방의 시기를 상징하는 것 중에 하나가 『알도마리Al-Domari』, 즉 '가로 등을 켜는 자'라는 뜻의 풍자 잡지가 페르자트를 편집국장으로 삼아 2001년 2월에 창간되었다는 점이다. 창간호는 5만 부가 팔렸고 일부 호는 7만 5천 부 정도가 나갔는데, 이는 시리아의 3대 공식 일간지 유통량을 초과하는 부수였다. 1963년 바스 유일당 체제가 수립된 이후 처음으로 창간된 시리아의 민간 독립 언론 『알도마리』는 정부에 대해 공개적인 비판을 담은 그림과 기사를 실었다. 2001년 9월, 다마스쿠스에서 자유의 봄에 대한 희망이 점차 사라지는 가운데 『알도마리』는 나름대로 생존했다. 페르자트가 일종의 자율성을 인정받은데다 언론과 출판에 대한 법을 우회하는 태도를 보였기 때문이다. 2003년 미국이 이라크 점령을 준비하는 동안, 페르자트는 자신이 선호하는 공격 대상인 사담 후세인을 비난했다. 12년 전 이라크가 쿠웨이트를 점령했을 당시에는 후세인을 공격하는 것이 애국적인 행동이었다. 왜냐하면 시리아는 쿠웨이트 해방 연합군에 동참했기 때문이다. 그러나 2003년의 시리아 정부는 전쟁을 반대했고, 만평가가 정도를 지나쳤다고 판단했다. 그럼에도 불구하고 시리아 당국은 그처럼 인기 있는 언론을 폐간하는 데 망설였다. 다 알다시피

---

* Hafez al-Assad(1930~2000). 시리아의 국방장관과 총리를 거쳐 1971년에 대통령직에 올라 30여 년간 독재정치를 했다.

자피로의 만평
남아공, '더 타임스', 2011년 9월 1일

위 뉴스: 알아사드의 하수인들이 시리아 만평가의 손을 부수다.
"나를 우습게 만든 죄다!"
오른쪽 탄압으로 죽임을 당한 2400명

알리 페르자트의 만평
쿠웨이트, 2010년

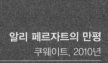

시리아에 검열은 존재하지 않는다…… 다만 정보부가 인쇄소와 유통, 광고를 통제할 뿐이다. 결국 페르자트의 잡지는 문을 닫게 되었다.

시리아에서 저항이 시작된 2011년, 페르자트는 점차 체제와의 대립을 보여주는 만평을 그렸다. 그는 바샤르 알아사드를 그리는 것이 금지되어 있음에도 그를 그렸다. 모두 그가 유럽이나 미국으로 망명해 활동하고 있다고 생각했다. 하지만 그는 다마스쿠스에 숨어 있었다. 만평가는 그리는 데 만족하지 않고 의견을 제시했다. 그는 지도자의 중요성을 축소시키고 그들을 우습게 표현해 민중의 눈앞에서 세력과 권위를 깎아내린다. 탄압자들의 속이 비어 있음을 보여준다. 이렇게 만평은 도덕적 가치를 담고 있으며, 사람들로 하여금 고통을 극복하고 희망을 유지하게끔 한다.

그의 섬세한 파괴 작업은 점차 시리아인들의 공포를 부수는 데 기여했다. 그들 중 일부는 페르자트의 그림을 들고 시위한다.

2011년 8월 25일, 페르자트는 손을 잃을 뻔했다. 불행 중 다행이었다. 왜냐하면 한 달 전, 바샤르 알아사드를 향해 "이젠 떠날 때가 되었다"고 노래 부르던 가수 이브라힘 카슈시 Ibrahim Qashoush가 목이 잘리고 성대가 제거된 상태로 발견되었기 때문이다.

2005. 4. 2
바티칸의 새 교황
요한 바오로 2세에서 베네딕토 16세로

1978년 추기경들의 선택으로 교황에 당선된 카롤 보이틸라는 2005년 4월 2일 84세의 나이로 생을 마감했다. 그의 교황 재임은 역사상 가장 긴 기간 중 하나였으며, 그는 가장 중요한 교황 가운데 한 명이었다. 폴란드 옛 수도 크라쿠프의 대주교로, 폴란드인이 교황이 됨으로써 이탈리아 반도 출신이 아닌 교황이 탄생한 것이 4세기 만의 일이었다. 그는 암묵적으로 마르크스 이데올로기를 반대했으며, 동유럽 국가의 반체제세력을 교묘한 방법으로 지지함으로써 철의 장막이 붕괴되는 데 매우 중요한 정치적 역할을 담당했다. 그는 기독교의 2천 년 사에 비교했을 때 수십 년의 공산주의 체제는 그리 중요하지 않다고 생각했다. 그의 사망 후 2005년 4월 19일에는 독일의 신학자 요제프 라칭거가 78세의 나이에 추기경들에 의해 교황으로 선출되었다.

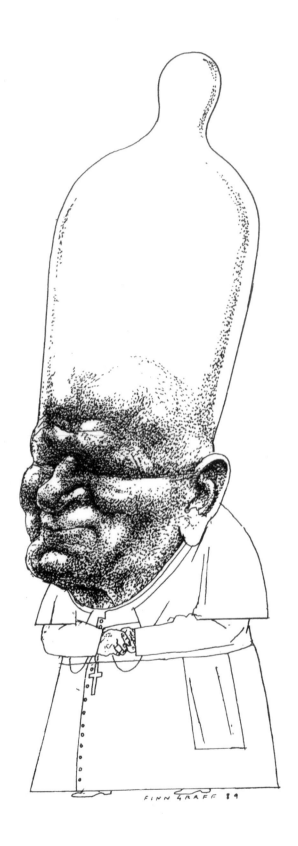

핀 그라프의 만평
노르웨이, 1989년

1989년 11월, 바티칸에서는 보건원조와 관련해 교황위원회가 주관하는 국제회의가 개최되었는데, 요한 바오로 2세는 인위적 피임 수단을 비난했다. 그는 피임 수단을 사용하는 것이 인간의 성에 걸맞지 않다고 보았다. 바티칸이 걸맞지 않다고 판단하는 것은 실제로 '부도덕'하다는 의미이다. 요한 바오로 2세는 성을 도구적으로 보는 시각에 반대하기에 성병을 막기 위해서는 충실한 부부생활과 성 충동 자제를 요구했다. 그는 에이즈 예방 캠페인에서 콘돔 사용만을 강조하는 정치인과 의료계, 협회와 NGO 등을 비난했다. 그라프는 이 만평을 통해 아프리카에서 에이즈로 인한 막대한 피해가 발생하는 긴급 보건상황에서 이러한 교황의 입장에 대한 비판의식을 드러냈다.

자피로의 만평
남아공, 『메일 앤드 가디언』, 2005년 4월 21일

"우리 중에 급진적인 사람들이 있어"
플래카드 위 "17세기를 향하여 앞으로!"

자피로는 여기서 로마의 추기경회의보다 더 보수적이고 반근대적인 새 교황을 꼬집으면서 '데어there'를 '제어zere'라고 발음하도록 하여 그가 독일 출신이라는 사실을 밝힌다. 베네딕토 16세는 교회사에서 단절의 교황이라고 하기는 어렵다. 그는 선출되자마자 교회의 전통을 지속해 제2차 바티칸공의회의 정신을 지속적으로 이어나갈 것이라고 밝혔다. 1960년대 초에 열린 이 공의회를 통해 로마 가톨릭교회는 뿌리 찾기와 근대 세계를 향한 개방 사이에서 논쟁을 벌여왔다. 베네딕토 16세는 요한 바오로 2세와 마찬가지로 풍속에 대해서는 보수적 입장을 고수했다. 그러나 전임자가 종교 간 대화와 타협을 강조했다면, 베네딕토 16세는 종교적 다원주의를 반대하는 입장이었다.

칼의 만평
미국, '볼티모어 선', 1993년 8월 13일

"산아제한을 거부하시오."

1992년에 공개된 로마 가톨릭교회의 교리에 의하면 모든 생명은 하느님의 작품이기에 피임은 정당하지 못한 것이며, 따라서 비도덕적인 일이다. 1993년 2월 6일, 요한 바오로 2세는 우간다 수도 캄팔라의 나키부보 운동장에서 6만 명의 젊은이들에게 자제만이 에이즈를 예방하기 위한 유일한 수단이라고 밝혔다. 가톨릭 교리에 따르면 모든 성적 관계는 결혼이라는 안정적이고 상호 충실한 제도, 출산을 위한 제도의 틀 속에서 행해져야 한다. 칼은 여기서 아프리카 대륙 특유의 인구 변동을 제대로 파악하지 못한 교황의 입장을 비난한다. 사하라 이남 아프리카 대부분의 국가에서 여성의 평균 출산율은 6~8명이다. 출산율 저하가 번영을 위한 충분조건은 아니지만 교육과 인구 조절이 경제적 발전에 도움이 될 수는 있다.

앤 텔내스의 만평
미국, 2002년 5월 9일

"기억나지 않아요."

텔내스는 이 만평에서 2002년 2월 보스턴 대주교구에서 **발생한** 신부 24명의 미성년자 성추행 사건을 계기로 교회 내 대규모 스캔들을 들춰낸다. 요한 바오로 2세는 "젊은이들을 상처 주거나 상처 주려고 하는 자들은 신부가 되거나 종교적 삶을 살 자격이 없다"고 밝혔지만, 미국의 신도들은 이런 종류의 사건을 수십 년간 은폐해온 교회 책임자들의 망각증을 비난했다. 보스턴 대주교인 로Law 추기경은 신부들의 행동을 폭로하지 않았던 사실에 대해 공개적으로 사과해야 했다. 텔내스는 미국의 여론과 마찬가지로 요한 바오로 2세가 아일랜드나 호주, 프랑스 등지에서 발생한 유사 스캔들에 대해서도 강력한 입장을 밝히기를 기대했다.

POR QUEM OS SINOS DOBRAM

카힐류의 만평
포르투갈, '디아리우 드 노티시아스^{Diário de Notícias}', 2010년 3월 21일

누구를 위하여 종은 울리나

2002년에 만평계의 저명한 상인 뉴스 디자인 소사이어티 상을 수상한 카힐류는 여기서 가톨릭교회를 뒤흔든 섹스 스캔들을 다룬다. 디자이너이기도 한 만평가는, 어린이 주명 종^{carillon}*이 신부의 제복인 수단^{soutane}을 울리는 그림을 그렸다. 종과 수단이라는 신부의 상징을 통해 이 만평은 성직자의 이미지를 파괴하는 심각한 행동에 대한 경각심을 불러일으킨다. '디아리우 드 노티시아스'라는 일간지에 이 그림이 실림으로써 매우 민감한 주제를 대하는 포르투갈 언론의 태도도 변화했다는 사실을 알려준다. 2010년, 교황 베네딕토 16세는 포르투갈을 방문하면서 "죄를 지은"교회를 언급하며 강한 반성을 표명했다.

---

* 여러 개의 벨로 이루어진 탑종.

2005·7·7
런던 심장부의
자살 테러

런던 대중교통에서 하루에 네 건의 자살테러가 발생함으로써 56명이 사망하고 700여 명이 다쳤다. 지하철에서 세 개의 폭탄이 터졌고, 2층 버스에서 네번째 폭탄이 터졌다. 77테러는 영국인들에게 9·11이 되었다. 바로 전날에는 국제올림픽위원회IOC가 런던을 2012년 올림픽 개최지로 결정했었다. 이 테러는 2004년 3월 마드리드를 공격한 테러조직이 감행한 것으로 드러났지만 이들과 알카에다의 관계는 오늘날까지 밝혀지지 않았다.

이크의 만평
알제리, '엘 와탄^{El Watan}', 2005년

알카에다의 위협 아래에 있는 런던

런던 공격의 정치적 주체가 누구인지 확실치는 않았지만 폭탄을 메고 온 테러리스트는 런던 지하철의 감시카메라를 통해 즉시 밝혀졌다. 9·11이나 마드리드 사건과 달리 이 이슬람주의자들은 외국인이 아니라 영국연방Commonwealth 출신인데, 영국 시민으로서 영국에서 자랐고 영국 사회에 잘 적응한 이들이었다. 이처럼 공격이 내부로부터 발생했다는 사실은 영국인들에게 커다란 충격이었다. 이크는 바로 이러한 사실을 강조한다. 영국 왕실이 있는 버킹엄 궁전의 경비대원 가운데 이슬람 근본주의자를 자리잡게 하고, 유명한 곰털 모자를 거꾸로 돌려 이슬람 급진세력의 상징인 턱수염으로 표현했다. 이크는 이 상징을 통해 영국 땅에 급진적인 이슬람 지도자들이 있음을 지적하고, 동시에 시민사회를 사로잡는 공포를 표명했다.

2006. 1. 25
팔레스타인 총선
하마스 승리의 충격

팔레스타인을 구성하는 두 지역에서 1월 25일 총선이 열렸는데, 하마스* 세력이 가자 지역에서 승리를 거두어 132석 중 74석을 차지했다. 요르단 서안과 가자 지역 인구의 4분의 3이 선거에 참여했다는 점에서 이런 결과는 파타흐** 세력에 대한 징계에 해당하는 것이었다. 국제사회에서는 걱정과 우려가 부상했다. 하마스는 1993년 오슬로협정의 정당성을 인정하지 않았고, 따라서 이스라엘과의 평화 협상 과정을 위험에 빠뜨릴 수 있었기 때문이다. 6월 28일 총선 이후 5개월이 지나자 이스라엘군은 가자 지역을 공격했다.

---

* 가자 지역을 근거지로 하는 팔레스타인 무장단체로, 1987년에 아메드 야신이 조직했다. 1993년에 팔레스타인해방기구가 이스라엘과 맺은 오슬로 평화 협정에 반대하는 입장을 취하며, 이스라엘로부터의 완벽한 해방을 목표로 한다.

** 팔레스타인해방기구의 주요 정당 중 하나로, 1957년에 야세르 아라파트가 조직했으며 서안 지역을 근거지로 한다. 자치정부 수립 이후 지켜온 높은 지지율에도 불구하고 끊임없는 부정부패와 권력 다툼 등으로 인해 민심을 잃기 시작했다.

크롤의 만평
벨기에, '르 수아르^{Le Soir}', 2006년 1월 26일

신문 하마스의 승리
"야호!"

하마스의 정신적 지도자로 알려진 아메드 야신이 천국에서 자신의 정당이 승리한 것을 기뻐하는 모습이다. 크롤은 이 만평에서 팔레스타인 정치세력의 역사를 유머를 통해 표현했다. 아메드 야신은 1987년 무슬림형제단* 계열에서 하마스를 창립한 지도자 가운데 한 명인데, 2004년 3월에 이스라엘의 공격으로 사망했다. 그는 2000년 제2의 팔레스타인 봉기인 인티파다가 시작되자, 이스라엘 민간인에 대한 자살 테러를 주장한 정신적 지도자다. 하지만 그가 사망한 뒤 팔레스타인 정부의 수장이 된 마무드 아바스는 민주화 정치를 폈고, 하마스 세력도 전략을 바꾸었다. 일시적으로 폭력을 중단함으로써 정당으로 탈바꿈했고, 2005년 지방선거에서 첫번째 성공을 일궈냈다.

---

* 1928년 이집트에서 설립되어 아랍 전역에 세력을 확장한 최대 규모의 이슬람 근본주의 조직.

튜닌의 만평
러시아, 『러시안 뉴스위크』, 2006년 1월 16일

2005년 9월, 이스라엘이 가자 지역을 점령한 지 38년 만에 철수하자 하마스는 이 지역을 정치적으로 통제하게 되었다. 요르단 서안에 이스라엘 정착민이 늘어나고 정착민과 현지인을 구분하는 장벽이 건설되자 팔레스타인 사람들이 그동안 온건한 입장을 취해온 파타흐와 팔레스타인 정부를 거부하기 시작했기 때문이다. 파타흐와는 달리 하마스는 이스라엘을 인정하지 않고 이스라엘의 종말을 주장하며 이스라엘과 가자 지역, 서안 지역을 포괄하는 팔레스타인 이슬람 국가의 건설을 목표로 한다. 하마스는 특히 교육과 고용 및 보건 분야에서 막대한 지지층을 확보하고 있는 강력한 사회적 세력이기도 하다. 선거를 며칠 앞두고 튜닌은 테러리스트의 양면성을 강조해 형제간의 투쟁을 그렸다.

그것을 식민지라 부르건 또는 정착지라 부르건 간에, 팔레스타인 영토인 서안과 예루살렘 동부에 지어지는 유대인 주택 문제는 핵심적 난제다. 쥘은 여기서 양측이 보여주는 일방적 태도에 대해 말장난으로 아이러니를 표한다. 팔레스타인 사람들은 UN이 자국을 194번째 회원국으로 인정해주기를 기대했으나 예상했던 대로 안보리에서 미국이 비토권을 행사함으로써 실망할 수밖에 없었다. 하지만 팔레스타인은 2011년 10월에 유네스코 회원국으로는 가입했다. 한편 이스라엘은 2011년 말, 서안과 예루살렘 동부에 주택 건설을 적극적으로 추진해나가겠다고 밝혔다. 이처럼 정착지-식민지가 지속적으로 확대됨으로써 1967년의 국경을 기초로 생존 가능한 팔레스타인 국가의 설립은 점점 어려워졌다.

쥘의 만평
프랑스, 『샤를리 에브도』, 2010년 4월

새로운 유대인 정착자: 협상의 시기!
"우리는 '벽' 부분을 담당 할테니… 당신들은 '통곡' 부분을 맡으시오."

* 예루살렘에는 '통곡의 벽'이라는 것이 있는데, 유대교와 이슬람교에서 모두 성지로 여기는 곳으로 이스라엘과 팔레스타인의 대립을 상징하기도 한다.

NOUVELLES COLONIES JUIVES:
PLACE À LA NÉGOCIATION!

ON S'OCCUPPE DE LA PARTIE "MURS"…

…VOUS VOUS CHARGEZ DE LA PARTIE "LAMENTATIONS"

왼쪽 카트 이스라엘의 반응
오른쪽 카트 팔레스타인의 반격
제목 '승자 없는 턴Unwinnableton'*

이 만평은 2006년 여름 이스라엘과 팔레스타인의 상황을 완벽하게 종합해서 보여준다. 2006년 3월, 이스라엘 총선에서 에후드 올메르트가 승리한 뒤 마무드 아바스 팔레스타인 정부 수반은 이스라엘의 인정과 테러 종결에 대한 국민투표를 준비했다. 그런데 6월 25일에 이스라엘군이 가자 지역 남부에 공격을 가했다. 이 공격에 대한 반격으로 팔레스타인 특공대가 이스라엘 군인 길라드 샬리트를 이스라엘 영토에서 납치했다. 팔레스타인측 특공대가 하마스 지도부의 지시를 받았는지는 확실치 않았다. 이에 이스라엘은 다시 가자 지역을 공격해 인프라와 주민들을 가격했다. 레바논에서는 헤즈볼라가 하마스를 지지하면서 대립은 확산되었다.

---

* '배트민턴'을 변형한 단어.

2006. 7. 12
제2차 레바논 전쟁

7월 12일부터 8월 14일 사이에 이스라엘 군대는 레바논 영토 전체에서 군사작전을 폈다. 이는 2000년, 이스라엘이 레바논에서 철수하면서 남부에 정해놓은 국경인 블루 라인을 헤즈볼라 세력이 넘어온 데 대한 반격이었다. 한편, 이 전쟁은 레바논 시아파 세력이 이스라엘군에 막중한 손실을 초래했다는 점에서 이스라엘의 패배로 끝이 났다. 하지만 다른 한편으로는 UN이 8월 11일, 결의안 1701호를 통해 헤즈볼라 세력으로 하여금 리타니 강 이북으로 넘어가게 했다는 점에서 이스라엘 국가의 전략적 승리라고 할 수 있다.

스티브 벨의 만평
영국, '가디언', 2006년 11월 22일

"레바논에서 손을 떼시오!"
국제적 합의

벨은 이스라엘의 에후드 올메르트, 시리아의 바샤르 알아사드, 그리고 이란의 마무드 아마디네자드의 애매한 태도를 비꼰다. 시리아와 이란은 2000년까지 레바논 남부를 점령했던 이스라엘을 비난하고, 반대로 올메르트는 헤즈볼라가 레바논 영토에서 활동하는 것에 대해 항의한다. 헤즈볼라는 친이란 세력으로서 이스라엘 국경에까지 진출해 있는 셈이고, 2005년에 시리아군이 레바논에서 철수한 이후에는 다마스쿠스의 전략적 수단이기도 하다는 게 이스라엘의 시각이다. 런던과 워싱턴은 이스라엘이 자국을 방어할 권리는 있지만, 지나치게 강력히 나가서 시리아나 이란으로까지 분쟁이 번지는 것은 막고 싶어했다. 8월 14일부터 발효된 UN의 안보리 결의안 1701호는 레바논 정부만이 레바논 영토 전역에 관한 권위를 인정받는다고 명시했다.

바우로의 만평
이탈리아, '일 마니페스토', 2006년 7월 28일

베이루트*
"아빠, 무서워요!"
"뭐가 무서워? 우리가 테러리스트인데!"

2006년까지 이탈리아의 극좌 일간지 '일 마니페스토'에서 근무한 바우로는 여기서 전쟁에 참여하는 세력이 서로에 대해 갖고 있는 인식을 문제삼는다. 이스라엘과 미국은 헤즈볼라를 테러조직으로 규정하지만, 실제로 헤즈볼라는 레바논의 최대 소수집단인 시아파를 대표하는 정당이다. 바우로는 또한 이스라엘군의 폭력을 비난하는데, 이들의 명백한 목표는 레바논 남부에서 헤즈볼라의 기지를 모두 파괴하는 것이며, 레바논 정부로 하여금 헤즈볼라의 무장해제에 관한 UN의 결의안을 실행하도록 하는 것이다. 이 풍자 작가는 전쟁터에 긴급의료만을 지원하고 군사개입에는 반대하는 이탈리아 NGO 이머전시 Emergency와도 가까운 인물이다.

---

* 레바논의 수도.

2006. 9. 26
인터넷과 소셜네트워크 붐
2.0의 세상

2006년 9월 26일, 페이스북이 대중을 향해 문을 열고 지구적 차원의 커뮤니케이션 수단으로 성장하기 시작했다. 2012년 당시 이 네트워크는 10억 개의 이용자 프로필을 자랑하며 그중 절반 이상이 매일 페이스북을 한다고 했다. 웹사이트는 80개 이상의 언어로 서비스되며 지속적인 혁신을 추구했다. 2012년, 페이스북 기업은 증시 사상 가장 커다란 규모의 상장을 이뤘다. 다른 한편, 역시 2006년 7월에 활동을 시작한 트위터는 트윗, 즉 새가 지저귀는 소리라는 의미의 총 140자가 넘지 않는 짧은 메시지들을 올릴 수 있는 마이크로 블로그 사이트를 운영했다. 2012년 초, 이 웹사이트는 3억 8300만의 가입자를 자랑했다. 결국 페이스북과 트위터는 디지털 소셜네트워크의 대표주자로 자리매김했다.

오바마의 대선 캠페인, 뭄바이의 테러 사건, 이란의 시위, 아랍의 혁명 등에서 **트위터는** 기존의 전통적 미디어를 능가하는 역할을 담당했고, 언론의 실천영역에서 디지털 자원의 비중을 강화시켰다. 트위터는 140개 문자로 한정된 짧은 형식으로 메시지를 단순화하는 효과를 불러왔다. 실시간으로 간단한 정보와 메시지를 빠르게 유통시키는 능력을 통해 트위터는 정보의 처리 자체를 변화시켰다. 하지만 경우에 따라 속도에 모든 것을 종속시키는 행태는 황당한 상황을 만들기도 한다. 쇼트는 이 만평에서 문학 관련 방송에서 발생하는 세대 간 분쟁을 연출한다. 트위터의 알림 기능이 다양한 사건을 걸러내는 필터 역할을 하고, 설명하는 데 충분한 시간을 들여야 하는 전통적 미디어의 여전한 필요성을 대체한다고 보기는 당연히 어렵다.

쇼트의 만평
네덜란드, 2010년 9월 10일

"당신의 책을 트윗 하나로 요약해주세요."

CHRISTMAS WITH FRIENDS

요엡 베르트람스의 만평
네덜란드, '헷 파롤', 2010년 12월 23일

크리스마스는 친구와 함께.

페이스북 '친구'의 수, 즉 사용자 간 상호 관계의 수가 2012년 당시에 놀랍게도 1250억에 달했다고 한다. 이러한 대단한 소용돌이 속에서 요엡 베르트람스는, 네트워크의 잠재적 관계들이 기존의 사회적 관계의 형식을 파괴하고 있음을 이 여성의 복장에서 발견할 수 있도록 안내한다. 페이스북에서 사용자는 개인적인 자료들을 입력해 다른 가입자들과 상호작용을 할 수 있다. '담벼락'과 '상태'와 사진과 메시지는 특정인의 가상 이미지를 만들어내고, 이것은 현실과 다소 거리가 있다. 페이스북은 결국 아름다운 자신의 모습을 만들기 위해 노력한 자기 투영의 장소가 되었다.

영어에서 이커머스e-commerce**라고 부르는 전자상거래는** 전자 네트워크를 통해 기업이나 개인, 또는 기관이 상품이나 서비스를 사고파는 행위를 지칭한다. 코스트는 여기서 전통적인 소상인들을 대체하는 전자상거래에 특별한 관심을 보인다. 인터넷을 통해 개인에게 파는 주요 상품과 서비스 중에는 문화 상품, 컴퓨터 관련 상품, 여행 서비스나 의류 또는 가전 제품과 같은 일상적 소비 품목이 있다. 이 분야는 최근 들어 매우 높은 신장세를 보였다. 예를 들어 프랑스에서 전자상거래 매출액은 2006년에서 2011년 사이 3배가 늘었다.

e-commerce

Cost.

코스트의 만평
벨기에, '르 수아르', 2011년 4월 8일

198

르프레드투롱의 만평
프랑스, 『라 데크루아상스La Décroissance』, 2008년 10월

인터넷이 삶을 바꿔놓았다!
"어제 섹시한 스타킹을 신었어!"
"알아! 네 블로그에서 봤어…"

잡지의 이름인 '반성장'이라는 말이 보여주듯이 이 언론은 자원이 한정된 상황에서 지속적인 성장을 추구하는 세상에 반대하는 주장을 편다. 르프레드투롱은 주간지 『르 카나르 앙셰네Le canard Enchaîné』에서 그랬듯이 일부 블로그가 보여주는 무의미하고 공허한 이야기들을 날카롭게 풍자했다. 블로그는 웹로그라는 말에서 비롯되었는데 인터넷상의 일기장이라고 할 수 있으며, 사람들이 자신의 이야기를 실을 수 있는 웹사이트라고 하겠다. 이 개인적인 이야기들은 별로 중요하지 않거나 자기 과시적인 또는 심지어 음란한 성향의 내용까지 담는다. 특히 청소년층이 즐겨 쓰는 블로그는 그들 자신을 과대포장할 수 있는 연출의 기회다. 최근에는 블로그가 소셜네트워크인 페이스북, 트위터, 인스타그램 등에 밀려나는 추세다.

2007. 5. 6
니콜라 사르코지
정상적인 대통령?

극우 후보가 결선투표까지 진출했던 2002년 4월 21일의 대선 충격 이후 5년 만에 치르는 2007년 선거는 프랑스 국민들의 관심을 끌었다. 유권자 등록이 증가한 것은 물론, 실제로 투표에 적극적으로 참여했다. 1차 투표에서 이미 84%라는 예외적으로 높은 참여율을 기록했다. 2007년 5월 6일, 결선투표에서 니콜라 사르코지는 사회당의 세골렌 루아얄을 53%의 득표율로 누르고 자크 시라크 대통령의 뒤를 이었다.

크롤의 만평
벨기에, '르 수아르', 2008년 2월 24일

(좌에서 우로)"제가 여러분을 이해했습니다."
"시간에게는 시간을 줘야지요."
"복잡괴상스럽네요."
"꺼져, 꺼져, 한심한 짜샤!"

이 만평에서 크롤은 지난 수십 년간 프랑스 정계에 깊은 인상을 남긴 표현들을 상기시킴으로써 대통령들의 권위가 얼마나 떨어졌는지 보여준다. 시작은 1958년 6월 4일에 드골 장군이 당시 프랑스 식민지 알제에서 발언했던 문장이다. 그 다음은 프랑수아 미테랑이 즐겨 사용하던 세르반테스의 문장 "시간에 시간을 주다Dar tiempo al tiempo"라는 표현을 지적한다. 세번째는 자크 시라크 대통령이 2000년 텔레비전 인터뷰중 공공기금을 사적으로 사용한 데 대해 변명하는 과정에서 아르투르 랭보의 시에서 유래한 신조어를 언급한 것을 꼬집었다. 그리고 마지막으로는 니콜라 사르코지가 2008년 2월, 농업전시회에서 자신과 악수하기를 거부한 남자에게 던진 짤막하면서도 무지막지한 표현을 재현했다. 이런 표현이 과연 공화국의 대통령직과 어울리는 것인가?

카뷔의 만평
프랑스, 『샤를리 에브도』, 2007년 12월 12일

카다피, 파리 중심에 천막을 치다.
"라마 야데 좀 데려와봐!"

카뷔의 이 만평은 무아마르 카다피가 며칠간 파리를 방문한 사이에 발행된 『샤를리 에브도』의 표지에 실렸다. 국가원수의 공식 방문이 아니었음에도 불구하고 사르코지 대통령은 리비아의 지도자를 전폭적으로 환영했다. 특히 카다피가 '사막의 전통'에 따라 손님을 맞을 수 있게 엘리제 궁 근처에 있는 마리니 궁의 정원에 천막을 치도록 편의를 봐주었다. 또한 센 강에서 배를 타고 유람하는 동안 관광객과 시민의 출입을 막았고, 심지어 강변도로에도 자동차가 다니지 못하게 했다. 이처럼 30년 만에 이뤄진 리비아 국가원수의 파리 체류는 논쟁거리로 등장했다. 당시 인권장관 라마 야데는 인터뷰에서 "우리나라는 쓰레기통이 아닙니다. (…) 프랑스는 이 죽음의 입맞춤을 거부해야 합니다"라고 항의했다. 카뷔는 이 만평을 통해 카다피 체류 시기에 논란이 된 두 사건을 동시에 다뤘다.

『샤를리 에브도』의 정기 만평가 빌럼은 이민자 중에서 프랑스 사회에 많은 기여를 할 수 있는 이들을 부분적으로 선별해야 한다고 주장하는 사르코지를 비난한다. 사르코지는 공약을 통해 이제 의무적으로 수용하는 이민에서 벗어나 선별적 이민으로 전환해야 한다고 주장했다. 그는 자신이 내무장관으로 있으면서 시작한 정책을 대통령이 되어서도 지속하려 한 것이다. 2006년 7월 26일에 제정된 법안은 프랑스의 고급인력 부족을 메우기 위해 선별적인 이민 정책을 펴겠다는 내용을 담았다. 이 법은 특히 프랑스의 경제성장에 필요한 능력을 가진 이들을 우대하고 선별하는 기준을 정했다. 또한 니콜라 사르코지는 당선된 이후, 장기적 정착을 위한 이민 가운데 노동 이민의 비율이 7%에서 50%까지 높아져야 한다고 강조했다.

2010년 여름, 프랑스 사회를 뒤흔들었던 불편한 사건을 표현하기 위해 울리세스는 과거 프랑스에서 무척 인기가 많았던 담배 '지탄Gitane'이 로마족의 여성 집시를 의미한다는 사실에 착안했다. 2010년 7월에 니콜라 사르코지는 동유럽에서 이주해온 유목민 로마족의 천막촌 건물 200여 곳을 철거시켰다. 엘리제 궁은 이들이 불법 거래를 하고 어린이를 구걸에 강제로 동원한다는 사실, 매춘과 소형범죄 등에 책임을 져야 한다고 노골적으로 지목했다. 게다가 정부는 이들 중 다수를 루마니아와 불가리아로 추방하는 정책을 폈다. 그럼에도 불구하고 내무장관 브리스 오르트푀는 특정 공동체를 공격하는 것은 아니라고 주장했다.

울리세스의 만평
스페인, '엘 문도El Mundo', 2010년 9월 1일

2008. 2. 24
쿠바, 피델에서 라울로

쿠바 혁명의 아버지 피델 카스트로는 1959년 바티스타 정권의 독재에 종지부를 찍은 인물이다. 그는 자신이 이끈 혁명의 사회주의적 성격을 강조하며 쿠바 공산당을 창립했고, 이 정당은 쿠바에서 활동할 수 있는 유일 정당이 되었다. 그로부터 60여 년 뒤인 2008년 2월 19일, 카스트로는 81세의 나이에 쿠바 정계 은퇴를 선언했다. 그는 자신의 권력을 동생인 라울에게 넘겨주었다. 라울 카스트로는 그들 형제가 지배하는 의회에서 국가평의회 의장으로 선출됨으로써 형의 권력을 물려받았다.

And the Castro goes to...

시망카의 만평
브라질, 2008년 2월 24일

"그리고 카스트로 상의 수상자는…"

쿠바에서 공식적인 권력 이양이 이뤄지자 시망카는 오스카 상 수상식을 재현했
다. 1995년부터 브라질에서 살고 있는 이 쿠바 만평가는 새로운 권력자가
형의 유산을 보호하기 위해 선정되었다는 사실을 지적한다. 그래야만 경제
자유화를 거부하는 쿠바 공산당의 가장 보수적인 계층을 안심시킬 수 있기
때문이다. 라울은 미국화한다고까지 표현하기는 어렵겠지만, 그의 형보다
는 공산주의 정통 이데올로기에서 벗어나 쿠바를 중국식 경제모델로 바꾸
려고 했다.

하흐펠트의 만평
독일, '노이에스 도이칠란트', 2006년 2월 1일

'노이에스 도이칠란트'는 원래 동독 공산당의 기관지이지만 피델 카스트로에 대해 비판적이다. 이 그림에서 피델은 자신보다 다섯 살 젊은 동생에게 자신의 신화적 권력의 상징인 턱수염을 물려준다. 동생은 형과 함께 혁명 게릴라전에 적극적으로 참여한 뒤, 1959년 이후 국가평의회 부의장과 국방장관의 역할을 담당해왔다. 이 만평에서 그가 입고 있는 제복은 국방장관을 의미하는 것이다. 턱수염은 쿠바의 공산주의 이데올로기와 카스트로의 유산을 상징하는 한편, 게릴라의 과거와 혁명의 초창기를 상기시키는 역할을 한다. 라울은 형의 턱수염을 물려받음으로써 모든 것이 과거와 마찬가지로 지속될 것이라는 사실을 암시한다.

볼리간이 표현한 최고 지도자는, 병든 지 5년 이 지났고 은퇴한 지 3년이 지난 85세의 노 파임에도 불구하고 세계 정치무대에서 사 라지기를 거부하는 사람이다. 군복을 즐겨 입던 혁명의 아이콘 카스트로는 이제 운동 복을 입은 돈키호테로 변했다. 2010년 7월, 텔레비전 인터뷰에 피델 카스트로는 실제 로 운동복을 입고 나왔다. 그는 인터뷰에 서 쿠바 내부 상황에 대해서는 침묵하면서 도 국제문제에 대해서는 많은 의견을 내놓 았다. 이 만평에서 볼리간은 국내에서 은 퇴했음에도 여전히 세계 정치에 관심 많고 말이 많은 카스트로를 표현한 셈이다. 볼 리간은 쿠바 아바나 태생으로 멕시코에서 가장 영향력 있는 일간지 중 하나인 '엘 우 니베르살'의 대표 만평가이며, 이제는 멕 시코 시민이 되었다.

2008. 5. 8
실비오 베를루스코니,
권력 복귀

2008년 4월 13일과 14일에 치러진 이탈리아 총선에서 2007년 형성된 중도우파 연합인 자유국민당PdL, Il Popolo della Libertà이 극우파인 북부동맹Lega Nord의 지지를 얻고 상원과 하원에서 다수 세력이 되었다. 이로써 2년간 야당으로 활동했던 실비오 베를루스코니가 자신의 내각을 구성해 2008년 5월 8일, 총리로 취임했다. 그러나 베를루스코니의 이 세번째 총리 임기는 법질서 무시, 이익을 위한 권력 남용, 과시적인 성적 돌출행동 및 반복되는 스캔들 등의 행위로 얼룩졌다.

베를루스코니 가문이 통제하는 피닌베스트 Fininvest는 이탈리아에서 가장 강력한 지주회사 중 하나다. 특히 피닌베스트는 이탈리아 텔레비전의 핵심적인 3대 채널, 즉 카날5Canal5, 이탈리아1Italia1, 레테4Rete4 등을 포함하는 TV제국을 메디아세트Mediaset라는 회사를 통해 지배하고 있다. 1994년 베를루스코니는 방송사와 출판사를 동원해 포르차이탈리아* 라는 자신의 정치세력을 키웠고, 덕분에 이 세력은 창설 1년 만에 이탈리아의 주요 정당으로 성장할 수 있었다. 하지만 2008년, 독일의 만평가 쇼트는 베를루스코니가 더이상 이탈리아 시민-시청자의 관심을 끌지 못하는 상황을 그렸다. 토크쇼와 리얼리티 방송으로 이탈리아 텔레비전 환경을 천박하게 재구성한 베를루스코니의 시대가 종말을 향해 가고 있다는 의미를 전달하려는 것이다.

* Forza Italia(전진이탈리아당). 1994년 선거에서 이 당을 주축으로 한 우파 연합이 승리했다.

리베르의 만평
스웨덴, 『메시지 매거진Message Magazine』, 2001년

리베르는 여기서 로마 건국 신화를 활용해 베를루스코니를 비꼰다. 신화에 의하면 로마를 세운 로물루스와 레무스 형제는 팔라티노 언덕에서 늑대의 젖을 먹고 자랐다고 하는데 이 만평에서 늑대는 다름 아닌 베를루스코니로, 줄 수 있는 젖을 모두 제공하는 모습이다. 베를루스코니는 자신의 두 번째 임기 동안 주권과 힘, 그리고 번영이라는 개념을 앞세워 통치했다. 로마노 프로디가 총리로 부임한 2006년부터 2008년의 시기를 제외한다면, 베를루스코니는 2001년부터 2011년까지 권좌에 있으면서 제2차세계대전 이후 최장기 집권 총리가 되었다.

인쇄 부수로 따질 때 '라 레푸블리카'는 이탈리아 제2의 일간지다. 이는 이탈리아의 지식인과 금융 엘리트의 신문으로 통한다. 좌파 성향의 이 신문은 유럽연합 집행위원장과 총리를 역임한 로마노 프로디를 지지하는 언론이다. 알탄은 이 신문에 대체로 익명의 대중을 등장시키는 풍자 만평을 싣는데, 이 규칙의 유일한 예외가 실비오 베를루스코니다. 베를루스코니는 항상 손에 바나나를 들고 등장한다. 이는 부패하고 엉망으로 통치되는 나라를 뜻하는 '바나나 공화국'이라는 표현으로 베를루스코니 치하의 이탈리아를 비유하는 것이다. 이 호칭은 베를루스코니가 처음 총리로 등장했을 때 이탈리아 언론이 붙여준 것이다. 2008년 권좌에 복귀한 베를루스코니가 마치 얌전해진 양 행동하는 태도를 풍자한 만평이다.

알탄의 만평
이탈리아, '라 레푸블리카', 2008년

"스타일을 바꾸셨나요?"
"네, 보세요. 이 부드러운 회색 바나나가 얼마나 검소한지."

아렌트 판 담의 만평
네덜란드, 『네벨스팔터르^{Nebelspalter}』, 2010년 11월 18일

2009년부터 베를루스코니는 다수의 섹스 스캔들을 일으켰다. 4월에 그의 부인이 이혼을 요청하며 미성년자들과의 관계를 폭로했다. 가을에는 콜걸 한 명이 그가 벌이는 특이한 파티에 대해 자백했다. 그사이 베를루스코니는 이탈리아 텔레비전의 아이콘이라고 할 수 있는 벨리네^{Veline*}를 유럽의회 선거 후보로 내세웠다. 2010년 가을에는 '라 스탐파^{La Stampa}'와 '라 레푸블리카'가 폭로한 스캔들이 세계의 관심을 끌었다. 이들 언론에 의하면, 루비라는 별명의 미성년자가 절도죄로 체포되었는데, 베를루스코니가 그녀를 풀어주기 위해 총리의 권한을 남용했다는 것이다. 경제위기가 고조되는 가운데 그의 사생활과 관련된 스캔들이 계속 터져나오자 베를루스코니는 2011년 11월 16일에 사임할 수밖에 없었다.

---

* 카날5의 시사고발 프로그램 오프닝에 나와 선정적인 의상과 춤을 선보이는 미녀들을 칭하는 말.

2008. 8. 8
중국의
올림픽 최초 개최

베이징은 역사상 처음으로 올림픽 게임을 개최하게 되었다. 중국 정부는 이 행사를 자국을 선전하는 기회로 삼아 스포츠뿐 아니라 외교적 행사로 부풀렸고, 일부 여론은 베이징을 올림픽 개최지로 결정한 국제올림픽위원회IOC의 결정을 비판했다. 국제사회는 특히 베이징 정부의 반복적인 인권 무시를 지목한 것이다. 중국 내부에서는 티베트를 중국화하려는 정책을 비판하는 티베트 승려들의 저항이 거세게 일어났다. 베이징은 이러한 시도에 대해 올림픽을 정치화하려는 행위라고 반박했다. 우리 모두가 알다시피 올림픽 게임은 '비정치적'이지 않은가……

올리버 쇼프의 만평
오스트리아, '데어 슈탄다르트', 2008년 8월 22일

헤어초크Jacques Herzog**와 드뫼롱**Pierre de Meuron**의 설계로 만들어진 '새의 둥지'라는 이름의 올림픽 경기장 근처에서** 쇼프는 올림픽 시상대에 중국의 민족주의와 부패, 그리고 약물 투여를 올려놓았다. 불행히도 쇼프의 만평은 현실을 그대로 반영한다. 부패 문제가 처음으로 제기된 것은 2006년, 올림픽 관련 건설을 담당했던 베이징 부시장이 부패 스캔들로 물러나면서다. 2009년 10월, 영국의 '더 타임스'는 2001년 베이징으로 올림픽 개최지를 결정할 때 IOC 위원장 자크 로게와 중국 정부 사이에 비밀 합의가 있었다는 사실을 밝혔다. 게임 결과 중국은 처음으로 미국을 앞서 국가 랭킹에서 1위를 차지했다. 쇼프는 바로 이러한 메달 숭배를 꼬집는다. 또한 역사상 가장 깨끗한 게임을 치르겠다는 의도로 IOC는 약물 관련 검사를 강화했는데, 그 결과 엄청난 위반 사례를 발견할 수 있었다……

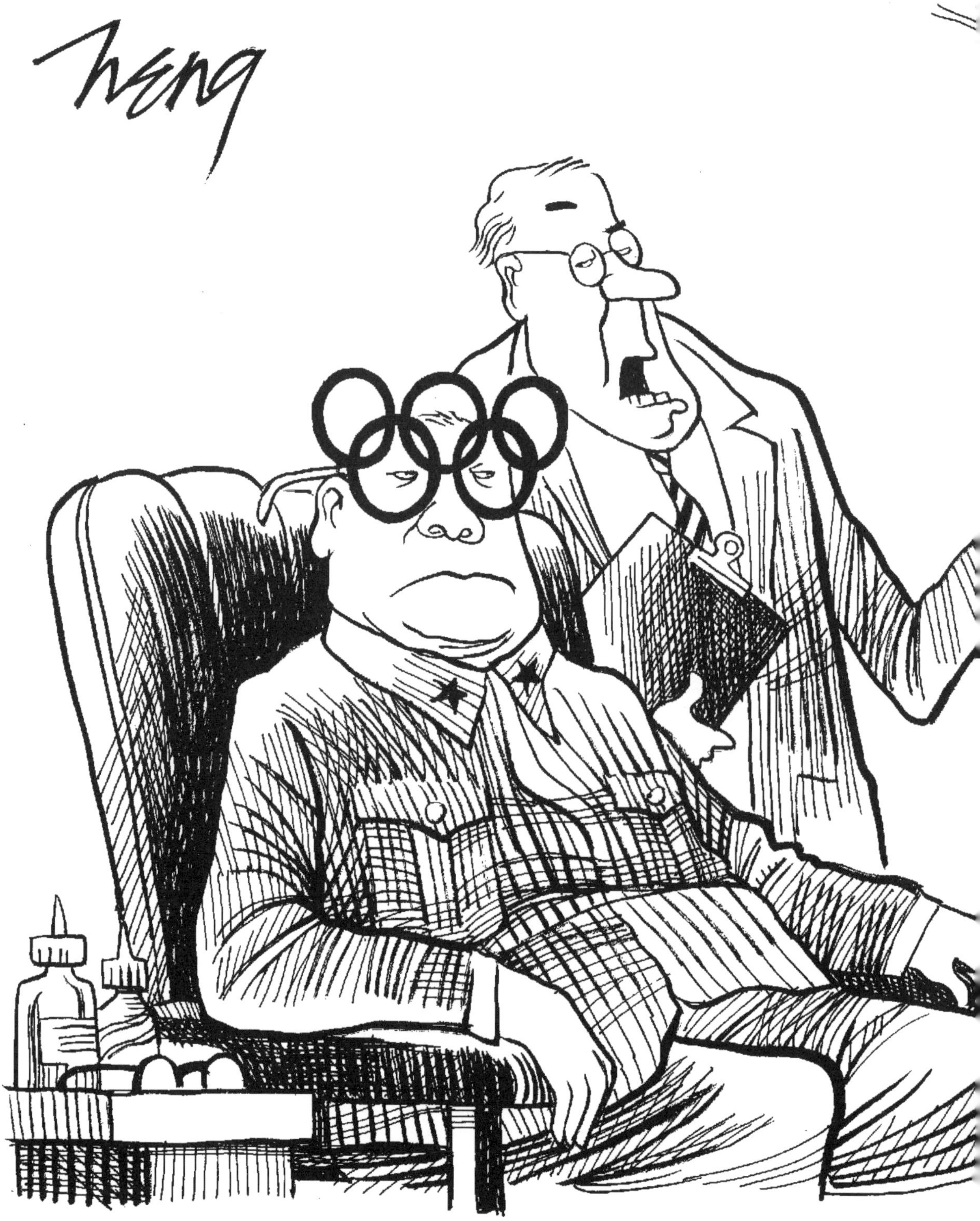
Heng

헹의 만평
싱가포르, '렌허자오바오', 2001년 2월 23일

인권 쟁점

헹은 싱가포르의 최대 영자 신문인 '렌허자오바오'에서 30년 넘게 만평을 그렸다. 2001년 7월 13일, IOC가 최종 투표에서 베이징을 개최지로 결정하자 중국 정부는 올림픽 개최를 통해 중국의 인권이 발전할 것이라고 밝혔다. IOC의 결정은 순수하게 스포츠 관련 기준만으로 이뤄지는 것은 아니다. 원칙적으로 게임의 개최를 중국과 같은 신흥세력에게 부여함으로써 국제사회에 동참할 수 있는 기회를 주는 것이다. 그리고 만평이 잘 보여주듯이 세계 대부분의 국가에서 실천하고 있는 민주적 관행을 읽을 기회를 제공한다. 결국 가입 조건과 개최지 선정을 통해 IOC는 국제관계에 지대한 영향을 미친다. 물론 국제관계가 IOC에 영향을 미치는 것도 사실이다.

뤼번의 만평
네덜란드, 'NRC 한델스블라트NRC Handelsblad',
2008년 3월 17일

뤼번, 자피로와 마찬가지로 많은 만평가들이 올림픽의 링을 베이징 정부가 벌이는 탄압의 상징으로 활용했다. 뤼번은 상징적으로 그림을 그린 데 반해 자피로는 매우 구체적인 내용을 지목했다. 티베트는 2008년 3월부터 시작된 저항을 지칭하며, 파룬궁은 그 조직원들에게 가해지는 인권 침해를 의미한다. 파룬궁은 원래 정신 수양을 위한 단체이지만 공산당의 권위에 도전하는 사회조직으로 여겨져 공식적으로 활동이 금지되었다. 그 밖에도 중국은 다양한 반체제 인사를 탄압하고 있으며, 그다음으로 중국 정부가 수단 다르푸르에서 벌어지는 내전에 무기를 제공한다는 사실을 꼬집는다. 마지막 링은 전 세계에서 집행되는 사형의 70%가 중국에서 이뤄진다는 사실을 지적한다.

자피로의 만평
남아공, '메일 앤드 가디언', 2008년 3월 20일

베이징 올림픽

링 안 티베트. 파룬궁. 반체제 인사. 다르푸르 지원. 다수의 사형 집행.

JEUX OLYMPIQUES : L'HEURE DU BILAN

L'OR   L'ARGENT   LE BONZE

딜렘의 만평
알제리, '리베르테', 2008년

올림픽 게임: 평가의 시간
금, 은, 동승

알제리 카빌리아 지역의 유명 신문인 '리베르테'에 실린 이 만평에서 딜렘은 '동메달'과 '동승'이라는 개념을 비유한다. 올림픽 개막 5개월 전인 3월 10일, 불교 승려들이 주도하는 시위가 시작되었다. 이는 1959년 중국에 항거한 티베트 독립운동을 기념하기 위함이었다. 그리고 나흘 뒤 시위는 확산되어 결국 티베트 전역에서 비非티베트인들에 대한 폭력사태가 벌어졌다. 베이징 정부는 승려들의 시위를 강력하게 탄압함으로써 이튿날에는 티베트의 중심 라싸 시를 다시 장악했다. 그리고 티베트 지역은 6월 말까지 완벽하게 봉쇄되었다. 티베트 망명 정부는 티베트인이 사는 지역에서 총 209명이 사망했다고 추산했다. 알제리의 딜렘은, 그의 출신지인 카빌리아 지역도 티베트와 유사하게 산악 지방에 위치했으며 특수한 문화적 언어적 차이로 인해 역사적으로 여러 차례 알제리 중앙정부에 저항한 경험이 있었다는 점으로 미루어볼 때, 이 문제에 특별한 관심을 보였을 것이다.

2008. 9. 15
세계 경제위기

미국에서 부동산 거품이 꺼지면서 일명 서브프라임 사태*가 발생했고, 이는 연쇄반응을 일으켜 세계의 금융시장으로 퍼져나갔다. 2008년 10월 6일 월요일, 파리와 도쿄와 뉴욕의 월스트리트는 동시에 역사적 폭락을 경험했고, 일부는 이 사건을 1929년의 위기와 비교했다. 이 세계적 금융위기는 헤아리기 어려운 경제적 사회적 결과를 초래했고, 15년간 지속된 세계 무역 자유화와 정부 기능 축소에 이어 새롭게 국가와 공공정책이 경제영역에 등장하는 계기가 되었다.

---

* 2004년 미국의 저금리정책 종료로 인해 부동산 거품이 꺼지면서, 신용등급이 낮은 저소득층에게 고금리로 주택자금을 빌려주는 서브프라임 모기지의 금리도 상승했다. 이로 인해 대규모 회수불능 사태가 벌어졌고, 대형 금융회사들의 파산으로 이어졌다.

THE LEHMAN BROTHERS

요엡 베르트람스의 만평
네덜란드, '헷 파롤', 2008년 9월 16일

리먼 브러더스

리먼 브러더스라는 미국의 **투자은행**은 1850년 독일에서 이민 간 유대인 형제가 세운 것이다. 이 은행은 2007년부터 위험한 투자를 회수하려고 시도하면서 부채 규모를 은폐해왔다. 만평에서 보는 것처럼 이들은 위험한 공중곡예와 같은 투자로 엄청난 손실을 떠안았고, 따라서 은행의 주가는 2007년 2월과 2008년 9월 12일 사이에 96% 하락했다. 2008년 9월 15일, 리먼 브러더스의 파산은 세계 증시 폭락을 초래했고 국제금융 환경에 대혼란을 가져왔다. 특히 미국 정부가 세계 최대 보험사인 AIG나 부동산 담보 금융기관인 파니 매^{Fannie Mae}와 프레디 맥^{Freddie Mac}을 구조했던 것과 달리 리먼 브러더스를 포기함으로써 그 여파는 강화되었다.

이 두 그림은 미국의 금융기관 구제에 대한 두 가지 현실을 표현한다. 우선 국가의 개입으로 인한 월스트리트의 시대적 변화를 지적할 수 있는데, 아메어의 그림은 월스트리트의 금융가들이 벌거벗은 모습으로 오가는 광경을 통해 이들의 전통적 권위가 사라졌음을 보여준다. 그러나 은행의 파산이나 몰락은 또다른 현실을 포괄하는데, 이를 에흐르트가 꼬집는다. 혼란에 사로잡힌 금융기관의 간부들은 무책임하게도 미국 국기가 그려진 '황금 낙하산'을 타고 내려온다. 이 낙하산은 이들 간부들이 퇴임 기념으로 받는 엄청난 퇴직금을 의미한다. 미래를 전혀 예측하지 못했던 리먼 브러더스와 파니 매, 그리고 골드만삭스의 간부들은 신나게 미소를 띠고 퇴직금을 챙긴 셈이다. 2008년 9월 21일, 투자은행 골드만삭스는 구조조정을 통해 미국 연방준비위원회의 금융지원을 받게 되었다. 연방정부가 제공하는 어마어마한 자금으로 이들 민간 금융기관은 구제되었지만 기관의 간부들은 여전히 행태를 바꾸지 않았다.

당신의 스톡옵션!

몬트리올의 영자 신문 '가제트'에서 일하는 에이슬린은 여기서 스톡옵션이 문서파쇄기를 통과한 상태를 그렸다. 2008년의 위기는 이런 형식의 소득으로 누리던 황금시대가 종결되었음을 알렸기 때문이다. 1950년대 미국에서 시작한 이 제도는 기업이 직원에게 미래에 특정한 양의 주식을 살 수 있는 권리를 주는 것이다. 직원이 주식을 살 때는 실제 가격이 아니라 과거에 옵션이 주어졌던 시기의 가격으로 산다. 따라서 주식을 되팔면 수익을 올릴 수 있는 셈이다. 스톡옵션은 원칙적으로 기업이 직원, 특히 간부들을 충실하게 만드는 효과적인 수단이다.

"미국의 금융위기가
프랑스 경제에 영향을 미칠까요?"
"그 문제는 직업상의 비밀이라
밝힐 수 없습니다."

2008년 9월 15일, 전 세계 증시는 엄청난 손실을 입었다. 프랑스 주가지수 CAC40은 5% 하락했다. 프랑스의 르프레드투롱은 은행에 맡겨둔 자금을 걱정하는 일반인들에게 관심을 갖는다. 일반인이 복잡한 경제 메커니즘을 알 수는 없지만, 국제시장에서 일어나는 연쇄반응의 위험은 느낄 수 있기 때문이다. 게다가 은행은 투명성이 부족하기 때문에 보통 사람들은 더 심각하게 걱정할 수밖에 없다. 만평가는 이 불투명성을 비난한다. 프랑스의 납세자는 금융기관의 손실이 누적되면 결국 해당 은행을 구제하기 위해 세금을 내야 한다는 사실을 잘 안다. 또한 은행 분야의 탈규제와 점점 더 복잡해지는 금융기술로 인해 한층 확대된 폐해도 이해하기 시작했다.

2008. 11. 4
오바마의 역사적 당선

2008년 11월 4일, 미 대선에서 일리노이 주 민주당 상원의원인 버락 오바마가 53.2%의 득표율로 존 매케인을 누르고 당선되었다. 2008년 12월 15일, 그는 미국의 제44대 대통령으로 확정되었는데, 이로써 그는 미국 역사상 처음으로 백악관에 입성하는 아프리카계 미국인 대통령이 되었다. 이와 동시에 민주당은 1995년 이후 처음으로 상원과 하원의 다수를 모두 점하게 되었다.

엉클 샘의 이미지는 제1차세계대전 이후 미국을 대중적으로 상징하게 되었다. 그러나 이 그림에서 엉클 샘의 가면은 오바마에게 어울리지 않는다. 미국 캔자스 여성과 케냐 출신 남성 사이에 태어난 그는 미국 백인의 이미지와는 전혀 다른 사람이다. 하지만 이 혼혈 정치인이 98%가 백인인 아이오와 주에서 승리를 거두자 비백인非白人은 희망을 가지기 시작했다. 또한 흑인 투표권자의 참여가 2004년 11%에서 13%까지 증가했다. 오바마의 당선은 역사 자체가 인종차별을 기반으로 만들어진 국가인 미국에서 상징성을 갖는다. 하지만 이 그림을 그린 볼리간은 멕시코인이며, 이제 미국에서 제1의 소수 세력은 히스패닉이 차지하게 되었고, 그중에서도 멕시코인이 제일 많다는 사실을 상기해야 한다. 히스패닉은 미국 인구의 10%를 차지함에도 불구하고 인종차별의 대상이 되는 경우가 빈번하다.

볼리간의 만평
멕시코, '엘 우니베르살', 2008년

로아르 하옌의 만평
노르웨이, '베르덴스 강', 2008년 12월 11일

오바마는 당선되면서 미국이 벌여놓은 두 개의 전쟁, 이라크와 아프가니스탄의 전쟁을 유산으로 받았다. 물론 9·11이 터진 지 7년이 지난 만큼 내부 안보와 테러리즘의 위협에 대한 집착은 많이 약화되었다. 전임 부시 대통령이 지지를 얻지 못한 이유는 경제정책뿐 아니라 외교정책의 선택에도 있다. 하옌은 이 그림을 통해 빈라덴을 잡는 것이 워싱턴의 국가적 과제로 남아 있다는 사실을 상기시킨다. 미국은 10년에 가까운 추격 끝에 2011년 5월 2일, 파키스탄 아보타바드에 특공대를 보내 빈라덴을 사살했다.

미국이 금융위기의 첫 공격을 맞은 시기에 오바마의 캠페인은 대단한 기대를 자아냈다. 그리고 취임한 지 한 달 뒤 매우 암울한 경제 상황 속에서 믹스 앤드 리믹스는 신임 대통령이 케인스식 경제활성화 프로그램과 보편적 의료보험제도를 실시할 수 있을지 궁금해하는 그림을 그렸다.

믹스 앤드 리믹스의 만평
스위스, 『레브도L'Hebdo』, 2009년 2월 17일

정치 분석
"무엇을 하건 간에…" "…버락 오바마는 실망시키지 않을 거야…" "…그를 지지한 사람들을…" "…왜냐하면 오바마는 흑인이니까…"

외투 위 전쟁

"이런 제길! 노벨평화상 들고 오는 것을 잊었네…"

백악관 레이스에서 승리한 지 1년이 채 되지 않아 버락 오바마는 국제무대에서 평화를 위한 '대단한 노력'을 기울인 대가로 노벨평화상을 수상했다. 물론 오바마는 부시 시대와는 달리 좀더 다자주의적인 접근과 역사에 남을 만한 연설을 통해 미국 외교정책의 변화를 가져왔다. 예를 들어 카이로의 이슬람교도를 향한 연설은 역사적이라고 해도 과언이 아니다. 그러나 여기서 캠은 노벨평화상을 받기는 조금 이르다는 비판을 대변한다. 왜냐하면 오슬로에서 평화상을 수상하기 딱 열흘 전인 2009년 12월 1일, 미국 대통령은 이미 6만 8천 명의 군대가 주둔중인 아프가니스탄에 3만 명의 군사를 더 파견하기로 결정했기 때문이다. 오바마가 선택한 전략은 이라크의 주둔군을 줄이는 한편, 아프가니스탄의 군대는 강화하는 것이었다. 그는 5개월 전 이라크의 주요 도시에서 미군을 철수시킨 바 있다.

2009. 3. 4
오마르 알바시르
다르푸르의 공포정치

2005년, UN이 조직한 국제심사위원회는 다르푸르에서 '반인륜적 범죄와 전쟁범죄'가 자행되었다는 결론을 내렸다. 따라서 UN 안전보장이사회는 국제형사재판소에 다르푸르 문제를 제소했다. 그로부터 4년 뒤인 2009년 3월 4일, 수단의 오마르 알바시르 대통령에 대해 국제체포영장이 발부됐다. 알바시르는 1989년 쿠데타로 집권한 이후 수단을 지도해온 국가원수다. 그의 죄목은 수단 군대와 다르푸르 지역의 민병대가 내전 상황에서 저지른 행위를 주도한 것이다. 이로써 2002년 국제형사재판소가 창립된 이래 처음으로 법원이 현직 국가원수에 대해 체포 명령을 내린 사례가 되었다.

'위니펙 프리 프레스'의 만평가가 이 그림을 발표했을 때 다르푸르에서는 이미 17개월째 내전이 벌어지고 있었다. 그 결과 3만 명 이상이 사망한 상황이었다. 수단의 서부에 위치한 다르푸르 지역은 아랍화되지 않은 현지 주민들과 수단의 아랍계 민족 간 대립으로 분쟁이 발생했다. 아랍계 세력은 잔자위드라는 민병대를 만들어 내전을 주도했다. 다르푸르 지역과 인접국 차드Chad의 여러 아랍계 세력으로 구성된 민병대는 수단 정부군과 함께 조직적으로 테러정책을 폈다. 약탈과 강제이주, 강간과 고문, 암살을 통해 이 지역을 지배하려는 수단 중앙정부의 정책을 수행하는 민간세력이었던 것이다. 이 분쟁은 종족 간의 정치적 분쟁이기도 하지만 동시에 이 지역에 매장된 석유자원을 둘러싼 경제 분쟁이기도 하다.

커밍스의 만평
캐나다, '위니펙 프리 프레스'Winnipeg Free Press', 2004년 9월 3일

옷 위 수단
칼날 위 잔자위드

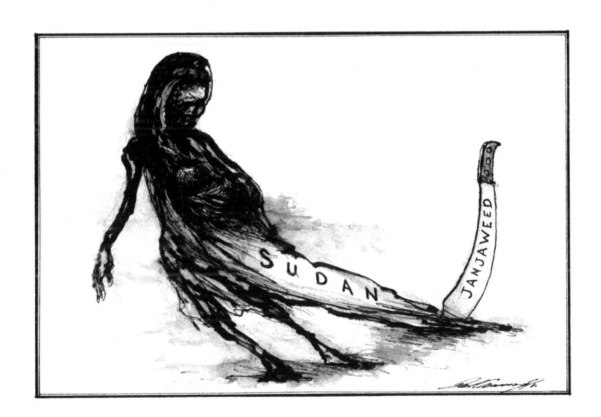

텐트 위 다르푸르

텐트에서 나오는 집단 UN, 아프리카연합, 유럽연합, 아랍연맹, 원로회의.

수단의 이웃나라인 케냐에서 가도는 다르푸르 문제를 둘러싼 외교적 움직임의 비효율성을 비난한다. 2007년 중반에 이미 다르푸르 사태는 20만 명의 죽음과 300만 명의 이주를 초래한 비극이었다. 유럽연합과 아랍연맹이 지원하는 아프리카연합의 개입도 상황을 개선하는 데는 실패했다. 2007년 7월 31일, UN 안전보장이사회는 아프리카연합의 중재를 강화하는 결의안을 채택했다. 이를 통해 처음으로 UN과 아프리카연합이 공동으로 주도하는 계획이 성사된 셈이었지만 그 집행은 연기되었다. 그사이 수도 하르툼의 정부는 1만 명의 군사를 다르푸르 지역에 추가로 파견했다. 가도는 상황을 개선하기 위해 아프리카의 전통적 사회통합의 상징인 원로회의가 역할을 할 수도 있다는 사실을 암시한다.

2009년, 오마르 알바시르에 대한 체포영장이 발부되었을 때 그의 죄목에 '집단학살' 항목은 없었다. 하지만 2010년 7월 12일, 기존의 전쟁범죄와 반인륜범죄에 더해 국제형사재판소는 '집단학살'을 추가했다. 하지만 수단 대통령은 여전히 법원의 명령을 무시했다. 그는 이집트나 리비아의 지지를 받으며 국제형사재판소를 무시했고, 영장이 아무런 가치가 없다고 주장했다. 게다가 중국과 같은 수단의 주요 경제 파트너는 국제형사재판소의 운영에 관한 로마규정*에 서명하지 않았다. 국제 매거진인 『아프리카 리포트』에 이 그림을 실은 글레즈는 범죄자를 전형적인 백정으로 표현했다. 오마르 알바시르는 오늘날까지도 수단의 대통령이다.

---

* 1998년 6월, UN이 로마에서 채택한 국제형사재판소의 상설 운영에 대한 규정을 말한다.

2009. 6. 25
마이클 잭슨
논쟁거리 아이돌의 죽음

2009년 6월 25일, 마이클 잭슨의 죽음은 전 세계적으로 충격의 파도를 일으켰다. 약물 과다복용으로 인한 그의 죽음을 둘러싸고 많은 의문이 제기되었다. 20세기 대중음악의 대표적 인물로서 그는 엄청난 음악적 유산은 물론, 이에 기초한 거대한 상업 이익의 제국도 남겨놓은 셈이다.

요엡 베르트람스의 만평
네덜란드, '헷 파롤', 2009년 6월 26일

유명 가수의 죽음이 알려진 다음날, 베르트람스는 그가 여러 차례
아동 성추행 혐의로 소송에 휘말렸던 사실을 유머로 표현했다.
마이클 잭슨은 1993년 처음으로 13세 소년에게 미성년자에 대
한 성추행 소송을 당했다. 미국 형사법원은 무죄를 선고했고,
민사소송에서는 소년의 가족과 금전적 타협을 통해 문제를 해
결했다. 그리고 2003년에 다시 소송이 제기되었는데, 언론의
굉장한 관심을 집중시킨 끝에 2005년 잭슨은 무죄를 선고받았
다. 그럼에도 불구하고 그의 죽음 이후에 여전히 의문은 남아
있다.

로아르 하옌의 만평
노르웨이, '베르덴스 강', 2009년

하옌은 여기서 팝아트 코드를 통해 팝뮤직의 왕
자를 추모한다. 잭슨이 죽은 뒤 며칠 사이에
전 세계에서 그의 음악이 인기를 누리며 음
반 판매량이 증가하는 현상이 일어났다. 그
러자 그의 음악 유산 관리권을 뜯어먹으려는
독수리들이 몰려들기 시작했다. 그가 남긴 빚
을 갚는 문제부터 시작해 그의 아이들을 누
가 키울 것인지, 재산은 누가 관리할 것인지,
그리고 특히 미발표 음악과 미래의 음반 재
발매를 누가 책임질 것인지 등을 둘러싸고
법적 싸움이 벌어졌다.

2010. 4
위키리크스의 세상

위키리크스WikiLeaks라는 조직과 그 웹사이트의 두 가지 커다란 원칙은 진실의 권위와 정보원의 보호다. 2006년 설립된 위키리크스는 '정보 누출leaks'을 위한 '공개적 데이터베이스wiki'를 포함한 작은 협력단체에 불과했다. 그러나 군사 및 외교 비밀 정보를 공개함으로써 갑자기 유명해졌다. 또한 2010년 4월, 이라크에서 미군이 저지른 과오를 담은 비디오를 공개함으로써 세계적 유명세를 치르게 되었다. 이 조직의 대변인이자 편집인이며 창립 멤버인 줄리언 어산지의 인기는 웹사이트 못지않다.

호르히의 만평
독일, '쥐트도이체 차이퉁', 2010년 12월 3일

드레스 위 외교
강아지 위 위키리크스

미국의 외교 전보가 처음 폭로됨으로써 미 국무부의 숨은 얼굴이 드러난 사태를
호르히는 재미있게 표현한다. 이 장면에서는 매우 복잡한 규범과 에티켓이
지배하는 외교계의 현실과 일부 직접적이고 폭력적인 내용의 '전보'를 대립
시킨다. 위키리크스를 통해 공개된 자료와 『데어 슈피겔Der Spiegel』의 보도에
따르면 미국 외교관들은 앙겔라 메르켈 독일 총리를 소심하고 창조적이지
못하다고 평가했다. 연립정부의 다른 인물들도 평가의 대상이 되었는데, 예
를 들어 부총리이자 외교부 장관을 담당하는 인물은 "거만하고 무능한" 것으
로 묘사되었다. 이 전보들은 미국 외교의 비밀스러운 습관을 공개함으로써
국제관계의 새로운 얼굴을 보여주었다.

요엡 베르트람스의 만평
네덜란드, '헷 파롤', 2010년 10월 24일

어이쿠!

몸통 안 위키리크스

팔 미 국방성(펜타곤)

7월, 아프가니스탄 전쟁에 대한 미 국방부의 자료 9만 1천 건을 공개한 뒤 위키리크스는 추가로 40만에 달하는 이라크 관련 자료를 공개했다. 2004년부터 2009년을 포괄하는 자료들은 미군이 이라크에서 전쟁을 수행하면서 사용한 방법에 관한 정보를 담고 있었다. 10월 23일, 이들 정보가 네 개의 언어로 세 개의 시간대에서 동시에 공개되었다. 아프가니스탄 자료와 마찬가지로 위키리크스는 이라크 자료 공개를 위해 3개 언론사와 독점적 보도협약을 맺었다. 영국의 '가디언', 독일의 『데어 슈피겔』, 그리고 미국의 '뉴욕 타임스'다. 이러한 정보 공개는 미 국방부 내부에 폭탄을 터뜨린 셈이었다. 공개 이튿날 베르트람스는 이러한 비유를 그림으로 보여주면서 미국 군대가 이라크 민간인에게 행한 수많은 실수와 과오를 비난했다.

칼의 만평
미국, 『이코노미스트』, 2010년 12월 2일

남자 "이것이 정부의 투명성에 대해서는 어떤 의미를 갖는 거예요?"

여자 "아직은 잘 알 수 없죠."

칼은 이 만평을 통해 위키리크스가 세번째로 공개한 25만여 개의 전보를 다룬다. 이들은 대부분 외교관이 워싱턴의 국무성으로 보냈거나 본부에서 해외로 보낸 전보들이다. 11월 28일, 위키리크스와 보도협약을 맺은 세 언론과 프랑스의 '르 몽드', 스페인의 '엘 파이스El Pais' 등에 그 첫번째 다발이 공개되었다. 영국 『이코노미스트』에서 만평을 담당했던 칼은 이 그림에서 줄리언 어산지의 모순을 지적한다. 그는 정보의 비대칭성과 투쟁하는 사람으로 스스로를 소개하지만, 동시에 가장 비밀을 좋아하는 사람이기도 하다. 그가 공개한 전보들은 모두 한 명의 정보원으로부터 나온 것이다. 미군인 브래들리 매닝이라는 정보원인데, 그는 7월 26일 체포되었고 미국에서 법적 소송에 걸려 있다.

리베르의 만평
스웨덴, '쉬스벤스칸Sydsvenskan', 2010년 12월 4일

정보의 '쓰나미'라고 할 수 있는 이미지를 리베르는 다시 활용하여 위키리크스의 로고가 있는 분수에서 쏟아져나오는 정보로 표현했다. 그리고 줄리언 어산지가 자신이 세상을 향해 내놓은 정보에 스스로 빠져들어가는 모습을 그렸다. 이 방법을 통해 만평가는 스웨덴 사법부가 2010년 8월, 어산지에 대해 강간과 폭행 혐의를 내린 사실을 상기시킨다. 이 시기는 아프가니스탄 전쟁에 대한 미 외교자료 공개 시점과 겹치기 때문에 일부에서는 음모론을 제기하기도 했다. 11월 30일, 스웨덴은 어산지를 겨냥한 국제체포영장을 발부했고, 그는 12월 7일에 영국에서 체포되었다. 하지만 조건부 자유를 누릴 수 있었다. 위키리크스는 그후 자료 공개를 중단했다. 2011년에는 그를 스웨덴으로 강제 이송한다는 결정이 내려졌다. 2012년 6월 19일, 강제 이송을 피하기 위해 어산지는 런던의 에콰도르 대사관에 피신했고, 스페인 법관인 가르손에게 항소심의 변호를 요청했다.

2010
세계 제2의 경제대국, 중국

2010년 중국의 국내총생산이 일본을 능가했다. 일본은 1968년 이후 지속적으로 세계 경제에서 2위 자리를 유지해왔었다. 베이징은 위기로 점철된 세계 경제와 금융시장에서 자신의 힘을 마음껏 발휘한 셈이다. 그러나 중국이라는 한 나라의 부상보다는 지난 3세기 동안 서구의 지배에 이어 아시아가 세계무대에서 다시 급부상하고 있다는 사실이 충격적이었다. 중국의 1인당 국민소득은 아직 일본의 10분의 1에 불과하지만, 중국은 2020년 구매력 기준으로 세계 1위의 경제대국이 될 것이고, 2030년에는 명목상으로도 1위에 올라설 것으로 전망된다.

톰의 만평
네덜란드, '트라우Trouw', 2009년 9월 10일

공산중국 60주년

마오쩌둥의 중화인민공화국 탄생 선포 60주년을 앞두고 공산중국 정부는 세계에 자신의 힘과 권력을 보여줄 준비를 했다. 톰은 이 만평에서 전통적인 10월 1일의 행진 광경을 보여준다. 특히 민간 영역이 이제 중국 세력의 진정한 상징이라는 점을 강조했다. 1980년대 민간 부문은 주변적 역할을 담당했지만, 이제는 중국의 놀라운 성장 동력으로 발전해 국민총생산의 3분의 2를 책임진다. 30여 년의 강력한 개혁을 통해 중국의 시스템은 매우 중앙화된 경제체제에서 국가자본주의와 시장사회주의가 혼합된 형식의 경제체제로 발전했다.

브롬리의 만평
호주, '파이낸셜 타임스', 2009년 12월 28일

1949년의 **중화인민공화국 선포 60주년을 맞아** 브롬리는 몇 가지 상징을 이용해 만평을 그렸다. 한편에는 동쪽을 향해 전진하는 유럽의 범선 캐러벨Caravel이 등장하는데, 이는 16세기부터 세계를 지배한 서구세력의 상징이다. 다른 쪽에서는 중국 기를 단 컨테이너 수송선이 서구를 향해 돌진하고 있다. 여기서 깃발은 공산주의 중국이 아닌 수천 년의 역사를 자랑하는 중국이라는 의미에서 용이 그려진 것이다. 2009년 중국은 대미 제1의 수출국으로 올라섰고, 2010년에는 세계 제1의 수출국이 되었다. 미국과의 무역수지 흑자는 위안화와 달러에 대한 중국의 고정환율정책 덕분이다. 미국 정부는 이러한 고환율정책을 통해 중국 산업이 경쟁력을 확보하려 한다고 비난하면서 불공정 무역이라고 주장한다. 중국은 이제 새로운 국제적 위상을 확보하게 되었으며, 대중제국은 이제 19세기 유럽인들이 강요했던 '불평등 조약'에 대해 복수할 능력을 갖추게 되었다.

중국이 제2의 경제세력으로 부상하면서 세계는 역학관계의 변화를 경험했다. 중국은 이제 세계에서 외화를 가장 많이 보유한 국가가 되었다. 부분적으로 위안화의 높은 환율 덕분이기는 하지만 말이다. 실제 중국은 미국 국채의 24% 정도를 보유하고 있다. 이처럼 세계적 부의 중심이 이동하는 중이다. 따라서 오바마는 중국의 후진타오에 친절을 베푸는 정책을 폈다. 이처럼 베이징과의 총괄적 협력은 적어도 헨리 키신저의 유산을 바탕으로 한 미국의 외교정책이라고 할 수 있으며, 중국이라는 파트너의 경제적이고 전략적인 중요성에 비추어 필요한 정책이라고 하겠다.

캠의 만평
캐나다, '오타와 시티즌', 2011년 1월 22일

"후 주석님, 우리가 미국의 대중국 부채에 대해 논의하는 동안만이라도 제 의자를 돌려주실 수 있습니까?"

2011. 1. 14
아랍 혁명

2011년 1월 14일, 튀니지를 23년간 통치한 대통령 제인 엘아비디네 벤 알리가 마치 도둑처럼 도주했다. 실제로 그는 도둑이었다. 그리고 2월 11일에는 30년 가까이 나라를 통치했던 이집트의 호스니 무바라크가 체포, 수감되었다. 2월 20일에는 예멘을 33년간 통치했던 알리 압둘라 살레 대통령이 강제로 대통령직을 공식 이양해야 하는 상황에 처했다. 10월 20일에는 리비아 국민들의 항거를 중무기로 탄압하려 했던 무아마르 카다피가 42년의 독재 끝에 무자비하게 처형되었다. 이 모든 혁명은 네트워크 기술을 활용하면서 수월해졌지만, 그보다 중요한 장기적 요인으로는 젊은층 인구 증가, 교육 수준의 향상, 높은 실업률, 그리고 수십 년간 당한 모욕에 대한 반감 등이 작용했다.

하다드의 만평
레바논, '알 하야트', 2010년 6월 7일

"아랍의 역할은 어딨어?"
"여기야 여기!"

하다드의 이 만평은 저항의 폭풍이 불기 전 아랍 세계 내부에서 느낀 무기력함을 표현한다. 2010년 여름, 앞으로 닥칠 아랍의 봄을 예상할 수 있는 전조를 발견하기는 어렵다. 지구촌에서 이 지역은 권위주의 정권의 정치적 보수성으로 특징지을 수 있으며, 이들 나라는 일부 족벌이 통제하는 경제와 광범위한 부패, 그리고 야당에 대한 탄압으로 점철되었다. 22개국이 참여하는 아랍연맹은 인위적인 정치연합이었고, 국제무대에서 제한된 역할밖에 수행하지 못했다. 그러나 바로 이 같은 개인적 권리와 자유의 부재가 민중의 분노와 소외감을 낳았고, 결국 2010년 12월에 시작된 항쟁의 기초가 되었다.

올리버 쇠프의 만평
오스트리아, '쥐트도이체 차이퉁', 2011년 2월 6일

쇠프가 뮌헨의 저명한 신문에 실은 만평으로, 1830년 혁명을 기념하여 외젠 들라크루아가 그린 〈민중을 이끄는 자유의 여신〉을 재해석한 것이다. 특히 이집트 혁명에서 핵심적 역할을 담당한 커뮤니케이션 기술을 표현했다. 시위대는 트위터와 페이스북과 같은 소셜미디어와 아랍 세계 전체에 실시간으로 방송되는 카타르의 알자지라와 같은 채널을 활용하여 국내의 전통적 미디어에 대한 검열을 우회할 수 있었다. 정보가 자유롭게 유통되기 시작하면서 이집트의 청소년들은 권력 유지를 위해 경찰세력에 의존하던 호스니 무바라크에 대한 저항을 일으킬 수 있었던 것이다. 인터넷이 저항을 불러온 것은 아니지만, 아랍 혁명에서 최초로 민중 동원의 중요한 수단으로 부각되었다.

Oliver

er E.Delacroix

로아르 하옌의 만평
노르웨이, '베르덴스 강', 2011년

리비아에 대한 군사개입이 시작된 것은 3월 19일이다. 이 개입은 '민간인 보호'를 위해 리비아 영토에 비행금지 구역을 설정하고 지킨다는 UN 안전보장이사회 결의안 1973호에 의한 것이다. 노르웨이도 여러 대의 F16기를 파견하여 공격에 참여했다. 하옌은 이 그림에서 노르웨이 왕립 공군 루프트포르스바레트 Luftforsvaret 마크가 붙은 전투기를 표현했다. 이 장면은 연합군의 작전을 총괄하는 NATO에 대해 제기된 많은 비판을 반영한다. 당시 일부 여론은 연합군이 민간인을 보호하는 데 그치지 않고 UN의 임무에서 벗어나 리비아 반군세력을 강력하게 지지한다고 비난한 바 있다.

하흐펠트의 만평
독일, '노이에스 도이칠란트', 2011년 1월 20일

"정부는 튀니지 대통령의 사임을 확인했습니다." 벤 알리의 도주에 대해 엘리제 궁이 내놓은
발표다. 프랑스와 튀니지 정부는 광범위한 양자무역 관계와 반테러 및 반이슬람주의 정책
협력을 유지해왔기 때문에 프랑스 대통령은 튀니지의 인권 상황에 대해 한 번도 언급하지
않았다. 이 만평을 통해 하흐펠트는 니콜라 사르코지가 튀니지 독재자의 도주로 인해 타격
을 받는다는 사실을 상기시키며, 일명 재스민 혁명 당시 튀니지 민중 탄압에 대해 침묵한
프랑스 정부의 실수를 지목한다. 1월 12일, 프랑스 국방장관 미셸 알리오마리는 프랑스가
공공질서 유지에 대해 상당한 노하우를 가지고 있다고 발표했을 정도다. 바로 2주 전 튀니
지 대통령의 초청으로 그곳에서 크리스마스를 보냈던 알리오마리 장관은 2011년 개각에
서 제외되었다.

이크의 만평
알제리, '엘 와탄'

알제리의 대표적 언론인 '엘 와탄'에서 이크는 워너 브러더스의 유명한 만화영화 〈루니 툰스〉의 마지막 장면을 재활용했다. 벅스 버니와 그 친구들은 벤 알리, 무바라크, 카다피, 그리고 알제리 대통령 압델아지즈 부테플리카와 바레인 국왕 하마드 빈 이사 알할리파로 표현했다. "친구들이여, 오늘은 이것으로 끝입니다"를 뜻하는 "댓츠 올 폭스!That's all folks!"를 활용하여 이들 지도자의 시대가 종말을 고했음을 나타냈다. 물론 바레인에서의 저항이나 알제리의 시위는 정부의 강력한 탄압 대상이 되었다. 또한 1962년부터 권력을 장악한 알제리의 민족해방전선은 알제리 사회를 짓누르는 프랑스와의 관계나 1990년의 내전 상황 등, 과거사의 충격과 상처를 피해 가려는 태도로 일관했다.

키슈카의 만평
이스라엘, 2011년 2월 19일

이스라엘의 키슈카는 새로운 커뮤니케이션 기술이 지닌 정치적 영향력을 표현했다. 이들 기술이 저항의 원인이라고 할 수는 없지만 최초로 민중 동원의 촉진제로서 작용했다. 예를 들어 알자지라와 같은 뉴스 방송은 아랍 세계의 주요 시위를 보도함으로써 정보 전달의 중요한 수단으로 성장했다. 뉴스 채널들은 트위터나 페이스북과 같은 소셜미디어와 상호작용을 통해 기존 전통 미디어에 대한 검열과 통제를 피해나가는 것이 가능했다. 이처럼 독재자들이 펼쳐놓은 치안기구의 망에서 벗어난 새로운 정보 유통로가 생기자 청소년층은 공포를 극복하는 계기를 얻었다. 이제 젊은이들은 독재 유지기구인 치안세력에 대해 비폭력적으로 저항하는 단계까지 발전한 것이다.

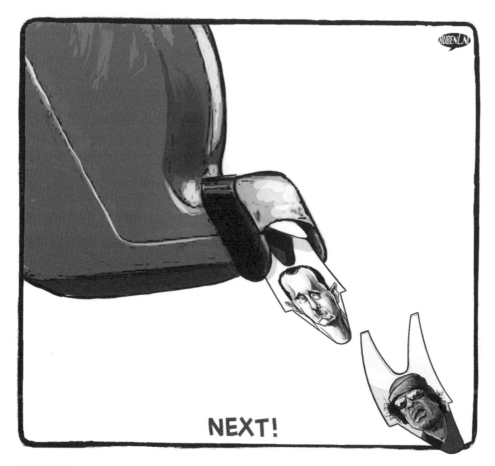

NEXT!

뤼번의 만평
네덜란드, 2011년 10월 20일

다음!

뤼번은 2011년 10월 20일, 리비아 독재자의 죽음에 이어 시리아의 독재자가 다음 차례가 될 것이라는 가설을 유머로 그려냈다. 2000년, 아버지 독재자 하페즈 알아사드에 이어 권력을 잡은 바샤르 알아사드의 사례는 튀니지의 벤 알리나 이집트의 호스니 무바라크와도 비교할 만하다. 그러나 여기 등장하는 리비아와 시리아의 공통점은 둘 다 단일 정당제를 고수하면서 시위에 대한 유혈 진압을 서슴지 않는다는 점이다. 리비아와 시리아의 정치 체제는 이런 점에서 아주 유사하다. 권력을 유지하고 더 오래 간직하기 위해 자국 국민에게 총을 쏘아대는 것을 망설이지 않는다는 점에서 말이다. 하지만 이 만평이 간주하는 것과는 달리 자동적으로 그다음 차례가 오는 것은 아니다. 잔혹한 탄압정책이라는 면에서 두 체제는 비슷하지만 이들의 주변 환경은 커다란 차이를 보인다. 시리아는 동쪽 이란의 지지를 받고 있으며, 서쪽에는 취약한 국가 레바논이 있고, 역시 이웃나라 이스라엘 정부는 '변화하는 민주주의'보다는 안정된 독재국가를 선호할 가능성이 있기 때문이다. 결국 시리아의 다마스쿠스가 저절로 리비아와 같은 '티켓'이 되는 일은 없을 것이다……

2011. 3. 11
후쿠시마
심장부를 강타당한 일본

일본 혼슈 동부 해안에 있는 후쿠시마 제1원전은 민간 원자력 산업 역사상 가장 심각한 사고 장소가 되었다. 처음 진도 9의 지진이 일어나자 후쿠시마의 원자로는 모두 자동적으로 중지되었다. 그러나 쓰나미가 원자로의 냉각 장치를 파괴했고, 그로 인해 3개 원자로에서 부분적 폭발이 발생했다. 그리고 막대한 양의 방사선 오염 물질이 누출됐다. 그 결과, 후쿠시마는 원자력발전의 안전에 대한 세계 여론의 신뢰를 단숨에 물거품으로 만들어버렸다. 하지만 그렇다고 해서 전 세계의 새로운 원자로에 대한 주문이나 건설 영역이 심각하게 변화한 것은 아니다.

노리오의 만평
일본, 『아에라Aera』, 2011년

노리오는 일본 만평 분야 최고의 상이라고 할 수 있는 분슌文春 만화상을 수상한 유명한 만평가다. 간소한 스타일의 노리오는 이 그림에서 일본의 중요한 상징을 활용해 판화 기법으로 표현했다. 일본을 상징하는 붉은 태양 앞에 후지산이 서 있는데, 그 모양이 원자력발전소의 냉각타워다. 그리고 태양의 힘을 상징하는 용, 적대적이지는 않지만 위험한 수호신으로서의 용이 방사선 연기로부터 벗어나려는 모습이 보인다. 노리오는 만평을 통해 원자력이 일본에서 차지하는 중요성을 비판한다. 후쿠시마 사태 이후에도 정부는 전기를 생산하는 데 원자력을 포기하지 않았으며, 의회나 일본의 언론은 전통적으로 민감한 국가 사안에 대해 목소리를 높이지 않았다. 노리오가 일본보다는 해외에서 더 자유롭게 활동하는 이유이기도 하다.

프뤼스텔은 이 그림을 통해 부부생활의 재미있으면서도 냉혹한 사실을 표현한다. 프랑스에서는 주로 간접화법을 통해 사람을 놀리는 방식을 선호하지만, 독일인들은 주로 상황의 코믹함이나 분위기, 황당함 등을 좋아한다. 일본의 후쿠시마 사건은 과거 우크라이나 체르노빌 사건이 그랬던 것과 마찬가지로 독일을 충격으로 빠뜨렸으며 원자력 에너지에 대한 논쟁에 불을 붙였다. 2011년 앙겔라 메르켈은 여러 원자력발전소의 임시 폐쇄를 명령했고, 독일 정부는 2022년까지 17개 원자력발전소를 모두 폐쇄하기로 결정했다. 독일의 원자력발전은 전기 생산의 22%를 차지하는데 프랑스는 그 비율이 80%에 달한다. 유럽연합의 회원국들은 독일의 이 같은 변화에 대해 많은 의문을 품는다. 독일이 이제는 자국의 석탄을 활용한 발전을 할 것인가? 프랑스의 전기를 사갈 것인가? 아니면 더 책임 있는 환경 친화적 에너지 모델을 향해 나아가는 기회를 포착할 것인가?

프랑스와 일본 합작으로 알랭 레네가 연출한 영화 〈히로시마 내 사랑〉의 포스터를 재현함으로써 키슈카는 2011년 원자력 사고와 1945년 8월 6일 최초의 원자폭탄 공격을 연결한다. 이 두 재앙은 일본의 몸과 정신을 모두 강타한 사건이라고 할 수 있다. 마르그리트 뒤라스가 시나리오를 쓴 이 영화는 과거가 현재를 적시는 현실을 그린다. 개인적 또는 집단적인 기억의 의무라는 주제를 다루는 영화다. 이 문제는 일본에 특별한 의미가 있는데, 일본은 1945년의 충격에도 불구하고 전기 생산을 위해 원자력을 에너지원으로 활용하는 발전 전략을 선택했기 때문이다. 이스라엘 국민인 키슈카가 이 주제에 특별히 민감한 것도 당연하다. 근처에는 이란의 위협이 도사리고 있으며, 이스라엘 자체가 민간 및 군사 원자력발전을 하고 있는 상황이기 때문이다.

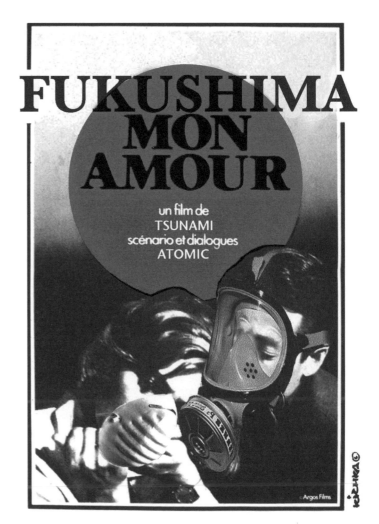

키슈카의 만평
이스라엘, 2011년 3월 15일

믹스 앤드 리믹스의 만평
스위스, 『레브도』, 2011년 3월 15일

사고가 발생한 며칠 뒤 일본의 원자력발전소를 운영하는 도쿄전력은 직원과 언론을 통제한 뒤 원자로의 핵심 부분이 피해를 입지 않았다고 발표했다. 하지만 이후 국제원자력기구의 감독관들은 피해를 지적했다. 도쿄전력과 일본원자력안전보안원의 거짓 발표로 유럽은 체르노빌 때와 같은 공포를 느꼈다. 믹스 앤드 리믹스는 이 만평에서 민간 핵에너지에 관한 스위스의 투명성 정책을 상기시키면서, 세계에서 가장 오래된 원자로를 보유하고 있는 스위스의 향후 정책에 대한 고민을 나타냈다.

2011. 5. 15
'분노한 사람들'
인디그나도스의 즉흥적이고 다양한 운동

분노한 사람들Los Indignados 운동이 시작된 것은 2011년 5월 15일의 선언에 의한 일이다. 소셜네트워크를 통해 조직된 이 선언은 당시 스페인 수상이던 호세 루이스 사파테로의 정책에 반대하는 젊은이들의 평화적 운동을 주창했다. 조직이 느슨한 형태의 운동으로, 정치세력과의 접촉을 멀리하면서 등장한 시민운동은 스페인 정치 논쟁에 새로운 장을 열었다. 이 운동은 유럽연합의 다른 나라로 확산되어 이스라엘까지 번져나갔으며 미국에서는 '월스트리트를 점령하라Occupy Wall Street' 운동으로 발전했다. 2011년 10월 15일 세계 시위의 날, 세계 각지의 700여 도시에서 시위가 전개되었다.

SO THE PLAN IS, IF WE ARREST ENOUGH
OF THESE PROTESTERS, THE ECONOMY
WILL IMPROVE!

DANZIGER

댄지거의 만평
미국, 2011년 10월 12일

"그러니까 우리가 시위대를 많이 체포하면
경제가 나아진다는 말이지!"

10월 1일부터 브루클린 다리 위에서는 비폭력 시위대가 경찰과 부딪치는 사건이 발생했다. 2011년 10월 8일, 공화당 출신의 뉴욕 시장 마이클 블룸버그는 '월스트리트를 점령하라' 운동이 미국 경제에서 중요한 위치를 차지하는 월 가를 공격함으로써 비생산적인 결과를 낳는다고 비판했다. 그는 시위대가 결국 금융 분야의 고용을 파괴할 것이며, 궁극적으로 뉴욕 시가 시청 직원의 월급을 지불하지 못하거나 공원의 청소를 제대로 하기 어려운 상황으로 치달을 것이라고 경고했다. 댄지거는 이 논리를 극단적으로 발전시켜 블룸버그의 말처럼 시위대의 탄압이 경제를 나아지게 한다는 황당한 논리로 표현한다. 이는 위기의 원인과 결과를 혼동하는 일이다.

샤파트의 만평
스위스, '르 탕', 2011년 11월 21일

투표함 위 스페인
"…분노했습니다!"

분노한 사람들 운동은 11월 20일 치러질 조기 총선에서 자신의 투표권을 포기하거나, 무효투표를 하거나, 혹은 소수 정치세력에 투표하라는 행동 지침을 내렸다. 샤파트는 투표를 통해 사파테로 정부에 항의하는 세력의 행동을 표현했다. 스페인 총선 및 상원의원 선거는 집권당인 스페인사회노동당의 패배로 귀결되었다. 그러나 무엇보다 놀라운 사실은 백지 또는 무효표가 폭발적으로 증가했다는 사실이다. 2008년 선거와 비교했을 때 무려 네 배나 증가했다. 달리 말해서 정부에 대한 깊은 불신이 분노한 사람들을 투표장에서 멀어지게 하지는 않았다는 의미이며, 결국 사회적 운동이 정치적 행위로 연결되는 데 성공했다는 것이다.

분노한 사람들 운동에서 영감을 얻어 2011년 9월 17일에 시작된 '월스트리트를 점령하라' 운동은 경제적 사회적 위기의 책임을 안고 있는 금융기관의 문제를 비난하고 나섰다. 이 운동의 참여자들은 1%에게만 혜택이 돌아가고 99%는 피해를 보는 경제제도의 기본을 비판했다. 분노한 사람들의 세계 시위의 날이 끝나고 쇼트는 상황의 정치적 비전을 제시했다. 1980년 로널드 레이건이 미국 대통령에 당선된 이후 워싱턴에는 새로운 시대가 시작되었다. 신자유주의와 시장경제, 그리고 경제 부문에서 국가의 역할을 축소시키는 움직임이 본격화된 것이다. 게다가 대통령 경제 보좌진을 분석해보면 공화당, 민주당 할 것 없이 모두 은행과 금융계 출신 인물들이 과다하게 포진되어 있다는 사실을 발견할 수 있다.

쇼트의 만평
네덜란드, 2011년 10월 16일

월스트리트
플래카드 위 1980년부터 백악관을 점령하고 있음.

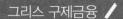

2011. 7. 25
유로와 국채 위기

2011년, 유로존의 나라 중 4분의 3이 국내총생산^{GDP} 대비 공공부채가 60%를 넘는 수준이었다. 이는 일명 안정 및 성장에 관한 협약*의 위험 수치를 초과하는 것이며, 이 수치는 유로가 출범할 때 참여한 회원국에게 요구했던 기준이다. 이 위기를 극복하기 위해 유럽연합 내부에서는 새로운 관리양식을 개발하게 되었는데, 이로써 유럽연합과 유로존의 상호관계나 유럽통화정책과 각국 재정정책의 상호관계 등에서 많은 의문점이 드러나기 시작했다.

---

* Stability and Growth Pact. 유로의 통화가치 안정을 위해 EU 가입국의 재정적자 상한선을 GDP의 3%로 정한 협약.

엘 로토의 만평
스페인, '엘 파이스', 2010년 7월 21일

"우리가 세금을 내지 않는 이유는 부를 과시하고 싶지 않기 때문이지요."

'엘 파이스'는 스페인의 대표적 언론으로 사회당 세력에 가까운 성향이다. 스페인에서 가장 영향력 있는 만평가 가운데 한 명인 엘 로토는 대부호들을 신랄하게 비난하는 초상화를 그렸다. 그림 위의 문장에는 몇몇 중요한 문제들이 집약되어 있다. 평소와 마찬가지로 만평가는 스페인 민중에게 관심을 가지고 부와 권력을 거머쥔 자들을 우습게 표현했다. 또한 2010년 5월, 긴축정책에 대한 중산층의 불만이 고조되자 호세 루이스 사파테로 총리는 대부호에 대한 특별세를 부활시키겠다고 발표했다. 이 특별세는 위기가 발생하기 2년 전에 폐지된 바 있다.

캠의 만평
캐나다, '오타와 시티즌', 2011년 6월 30일

"정말 운이 없는 날이야…"

배 위 그리스

낭떠러지 경제 붕괴

괴물 긴축 프로그램

2010년에 세운 계획이 실패하자 그리스의 게오르기오스 파판드레우 정부는 2011년 6월 29일 두번째 긴축계획을 의회에서 통과시켰다. 이튿날 캠은 이 만평을 통해 과거 2001년 아르헨티나에서 그랬던 것처럼, 생활수준 저하와 국가 파산이 동시에 진행되어 위험에 빠진 그리스의 국민들이 헤어나오기 어려운 상황을 '노예선'으로 그렸다. 아르헨티나와 그리스에 대한 긴축 처방은 매우 유사하다. 세금을 올리는 한편 임금을 내리는 방법이다. 그리스 국민이 당연히 반대하는 이러한 조치는 국제통화기금과 유럽연합집행위원회가 2010년에 약속한 자금을 지원하는 데 따르는 대가로서, 그리스에 강압적으로 부과된 것이다.

쿤투리스의 만평
미국, 2011년 7월 15일

당신은 여기 있습니다.

유럽연합에서 그리스는 하찮은 존재가 되었다. 여기서 만평가는 그리스신화를 상기시키면서 많은 의미를 부여한다. 자신의 몸에서 발뒤꿈치가 유일하게 취약한 곳이었던 아킬레우스는 트로이 전쟁에서 그곳을 공격받아 죽었다. 쿤투리스는 바로 이 이야기를 바탕으로 만평을 그렸다. 물론 그리스는 여러 측면에서 유럽연합의 발뒤꿈치에 해당한다. 그리고 거대한 '지하경제'를 보유했기 때문에 국가경제의 체질을 자체적으로 약화시키는 내부적 요인도 작용했다. 하지만 그리스를 강타한 위기는 유럽연합의 구조적 취약성에서 비롯되기도 했다. 예를 들어 유럽 차원에서 재정정책의 조율이 없다는 사실은 그리스 사태의 구조적 원인이다. 이로부터 일주일 뒤인 2011년 7월 21일, 유럽연합은 민간 채권기관이 동참하는 그리스 구제계획을 새롭게 마련해서 통과시켰다.

미엘의 만평
싱가포르, '스트레이츠 타임스', 2011년 12월

2008년 금융위기가 터지면서 싱가포르는 아시아 국가 중 처음으로 경기침체를 겪은 나라다. 싱가포르는 도시국가로 규모는 매우 작지만 세계화에 아주 강하게 노출되어 있었기 때문에 정부는 유럽 국채 위기로 인해 2012년에 커다란 어려움을 겪을 것을 예상하고 있었다. 미엘은 이동이 자유롭지 못한 장애인이 진입할 수 있는 구역을 상징하는 국제적 표시를 활용해 상황을 요약했다. 이것은 매우 강하면서도 정도가 심한 비유로서 유로존의 경제적 능력이 심각하게 훼손되었음을 나타낸다.

톰의 만평
네덜란드, '트라우', 2011년 11월 15일

미국에서 처음 시작된 금융위기는 그다음 단계에서 점차 세계적 차원의 경제위기로 발전했다. 그리고 많은 국가에서 공공재정의 취약성이 드러나기 시작했는데, 유로의 특별한 위기는 바로 이 세번째 단계에 해당한다. 공공부채로 인해 취약해진 국가들은 사실상 유로존의 결속력을 약화시키는 결과를 낳았고, 궁극적으로 유럽연합에 위협을 가하는 상황이었다. 톰은 특정 국가가 유로존에서 탈퇴하면 결국 유럽연합에서도 탈퇴해야 한다는 사실을 상기시킨다. 따라서 유로의 붕괴는 유럽연합에 커다란 위협을 안기는 셈이다. 유로가 붕괴하면 유럽연합의 정치 및 사회문화적 결합이 해체되고, 국제무대에서 유럽의 영향력이 확대되지 못하기 때문이다. 단기적으로는 그리스의 부채를 재조정하는 과정에서 취해야 하는 조치들이 많은 내부 분쟁과 대립을 낳아 유럽연합을 취약하게 만드는 효과를 낸다.

피스메스트로비치의 만평
오스트리아, '클라이네 차이퉁', 2011년

소 위 그리스

무릎을 꿇고 위협당하는 그리스의 국가 이미지를 통해 피스메스트로비치는 프랑스의 사르코지와 독일의 메르켈, 유럽연합 집행위원장 조제 마누엘 바호주의 무기력함을 지적한다. 그리스의 공적 채권자들은 공공재정을 개선시켜야 할 그리스의 능력을 과대평가하는 것인가? 왜냐하면 그리스가 성장은 하지 못하면서 부채는 계속 늘려갔기 때문이다. 게다가 그리스 정부는 유럽 중앙은행이 정하는 이자율에 아무런 영향력을 행사할 수 없고, 유럽의 화폐를 평가절하시킬 수도 없다. 결국 그리스 정부가 문제 해결을 위해 동원할 수 있는 대상은 그리스 국민뿐이다. 하지만 이미 죽어가는 그리스 소를 보여주면서 피스메스트로비치는 이 논리를 지속하기 어렵다는 점을 지적한다.

2012
시리아의 비극

시리아에서 알라위트 종족은 인구의 12%를 차지한다. 이 종족 출신인 알아사드 가문은 1960년대부터 먼저 아버지 하페즈가, 그리고 2000년부터는 아들 바샤르가 이 나라의 정치 및 경제적 목줄을 쥐고 지배해왔다. 시리아 국민의 상당수가 저항을 시작한 사태를 설명하기 위해 많은 관찰자들은 종족 간의 관계에 주목해왔다. 물론 시리아에서도 튀니지, 이집트, 리비아, 예멘 등에서 반란의 중요한 요인으로 작용한 증가된 젊은층과 인구 폭발, 경제적 불평등과 개인적 자유의 부재 등이 커다란 역할을 담당했다. 반정부 시위와 반란은 국토 전역에서 일어났지만 이 운동이 시작된 곳은 서부 지역이다. 이곳은 바샤르 알아사드 정권에 반대하는 다수 세력 수니파가 밀집된 지방이다.

알리 페르자트의 만평
쿠웨이트, 2012년 2월 9일

시리아 만평가 중에서 가장 널리 알려진 알리 페르자트는 여기서 바샤르 알아사드의 지원군인 러시아를 비난한다. 모스크바는 2월 4일 시리아에 대한 UN 안전보장이사회의 결의안에 대해 다시 비토권을 행사했다. 러시아의 비토권은 이미 2011년 10월의 안보리 결의안을 폐기시키는 데 기여한 바 있다. 안전보장이사회의 상임이사국 중 서구세력은 바샤르 알아사드의 사임을 요구하지만 매번 중국과 러시아의 비토권에 막혔다. 중국은 내정 문제에 대해 그 어떤 개입도 거부하는 정책을 추구한다. 러시아는 소련 시기부터 이미 시리아의 동맹국으로 오랜 우호의 역사를 자랑한다. 자신의 블로그에 발표한 이 그림을 통해 알리 페르자트는 러시아의 비토권에 대한 진정한 이유를 밝힌다. 그의 설명에 의하면 러시아의 반대는 러시아 마피아 조직이 시리아에서 점하는 이익, 즉 무기 거래와 마약 밀매, 백인 인신매매와 자금 세탁 등과 밀접하게 관련을 맺고 있다는 것이다.

범아랍 일간지 '알 하야트'에 실린 만평에서 레바논의 작가는 시리아에서 진행되는 밀실 학살의 장면을 연출했다. 반정부세력의 저항이 강하게 일어난 홈스Homs에서 정부군은 정기적으로 폭격을 감행했다. 2월 28일, 정부군은 도시를 포위하고 저항의 중심지라고 할 수 있는 바바 암르 지역으로 공격해 들어갔다. 이튿날 전기도 통신수단도 없는 상황에서 이 지역 주민은 세계와 단절된 상태가 되었다. 이 도시에 대한 소식은 간간이 전해질 뿐이었다. 따라서 외부 세계에서는 이미 저항이 시작된 이후 7500명에 달하는 공식적 피해자에 더해 얼마나 더 많은 민간인이 그곳에서 죽었는지 우려할 수밖에 없었다. 이 작전은 매우 처벌적 성격이 강한 것으로 처음부터 저항의 깃발을 든 도시를 무자비하게 유혈 탄압함으로써 나머지 지역에 경고하려는 목적을 띠고 있었다.

이 만평에서 볼리간은 바샤르 알아사드 옆에 마귀를 앉혔다. 꼬리를 보면 알 수 있는 이 마귀는 악의 정신을 대변하며 인간을 실수와 거짓으로 인도하는 것은 물론 끔찍한 일을 하게끔 한다. 2012년 여름, 경찰의 탄압과 군부의 폭격은 이미 2만 명이 넘는 피해자를 낸 것으로 알려졌고, 바샤르 알아사드는 자신의 국민을 향해 피비린내 나는 탄압을 지속하는 것 이외의 정치적 수단을 상실한 상태였다. 그래서 볼리간은 시리아 독재자의 이해하기 어려운 사고를 표현하기 위해 상징성이 강한 상상의 인물을 등장시킨 것이다. 볼리간은 전통적으로 가톨릭을 믿는 쿠바에서 태어났고 로마 가톨릭이 다수인 멕시코에서 살고 있다. 이 장면은 어려운 상황을 극복하기 위해 사람들이 마귀를 불러내는 수많은 이야기들을 상기시킨다.

쥘은 여기서 바샤르 알아사드의 심리 분석을 위해 프로이트의 턱수염과 안경을 동원했다. 2000년 권력을 잡은 바샤르는 아버지가 남겨놓은 권위적 독재체제를 물려받았다. 원래 아버지의 뒤를 잇기로 한 바샤르의 형이 죽자 동생이 아무런 정치적 경험도 없는 상황에서 왕조처럼 권력을 이어받은 셈이다. 바샤르가 권력을 잡았을 때 많은 사람은 체제의 변화가 일어날 수 있다는 희망을 품기도 했다. 그러나 그의 강력한 탄압정책은 오히려 그의 아버지가 30년 전 하마에서 보여주었던 무자비한 폭정을 상기시킨다.

2012. 5. 6
프랑수아 올랑드
프랑스 공화국 대통령

프랑수아 올랑드는 대선 결선투표에서 51.6%를 득표하면서 제5공화국의 일곱번째 대통령으로 당선되었다. 이로써 프랑수아 미테랑이 대통령에 당선된 지 30년 만에, 그리고 자크 시라크와 리오넬 조스팽의 좌우동거 정부 이후 10년 만에 사회당이 다시 권력을 잡게 되었다. 그러나 2011년 3월 31일, 프랑수아 올랑드가 사회당 경선에 참여하겠다고 발표했을 때 그의 당선 가능성을 점치는 사람은 많지 않았다. 도미니크 스트로스칸의 낙마가 당연히 사회당 제1서기 출신인 올랑드의 국가원수 당선에 크게 기여했다고 하지 않을 수 없다.

LA FRANCE TOURNE LA PAGE DU SARKOZYSME

VIVE LE SOCIALISME!

"...TRAVAILLER MOINS POUR DÉPENSER PLUS!"

믹스 앤드 리믹스의 만평
스위스, 「레브도」, 2012년

프랑스는 사르코지주의의 장을 넘겼다.
사회주의 만세!
"…적게 일하고 더 많이 쓰기!"

2007년 사르코지의 대선 슬로건은 "더 많이 일해서 더 많이 벌기"였는데, 스위스의 만평가는 이를 활용해 프랑수아 올랑드의 정책에 대한 일부 비판을 반영한다. 올랑드는 사르코지가 추진했던 노동의 '자유화' 정책을 중단하고 국가의 지출을 늘리겠다는 공약을 내세웠다. 그러나 실제로 사회당의 정책은 사회보장세 증가와 초과근무에 대한 세제상 혜택을 없앤다는 정도였다. 이와 함께 올랑드는 공교육을 강화하기 위해 6만여 개의 공직을 만들고, 젊은이들이 노동시장에 진입할 수 있도록 세대 간 계약Contrats de génération*이라는 제도를 제안했다. 이 같은 단어의 전쟁은 사실상 주 35시간 노동에 대한 과거의 논쟁을 재현하는 것이었다.

---

* 만 26세 미만 청년구직자를 정규직으로 신규 고용함과 동시에 57세 이상 기존 노동자의 고용을 유지(혹은 55세 이상 고령 구직자를 신규 고용)할 경우 보조금을 지급하는 제도.

샤파트의 만평
스위스, '르 탕', 2012년 4월 28일

마린 르펜*은 그다지 인상적이지 못한 캠페인을 벌였지만 1차 투표에서 17.9%의 지지율을 기록함으로써 당당히 '3위'를 차지했다. 이는 2002년 아버지 르펜의 득표율을 능가하는 좋은 결과다. 샤파트는 프랑스 공화국의 상징인 마리안을 마린으로 변화시킴으로써 프랑스 정치 지형에서 국민전선이 얼마나 커다란 비중을 차지하고 뿌리를 깊이 내렸는지 비난한다. 스위스 중도우파 일간지의 이러한 비판은 프랑스 공화국 대통령 니콜라 사르코지의 우경화에 대한 비난이기도 하다. 그는 재선에 도전하는 대통령 후보로서 며칠 전 마린 르펜에 대해 '공화국 친화적'이라고 발언한 바 있다.

* Marine Le Pen(1968~). 프랑스의 정치인이자 변호사로, 2011년부터 극우 정당인 국민전선의 총재를 맡고 있다.

빌럼은 폴리 임플란트 프로테즈Poly Implant Prothèse라는 회사의 인공유방 스캔들을 통해 정치 커뮤니케이션의 문제를 다룬다. 이 만평에는 프랑스 정부 대변인인 프랑수아 바루앵과 발레리 페크레스, 그리고 장관인 나딘 모라노와 라시다 다티가 등장하는데, 이들은 사르코지의 주도 아래 언어 부분을 관장하는 뇌를 이식받을 준비가 되어 있다. 이미 정해진 정치적 논리를 반복하게 함으로써 내분을 겪는 여당 대중운동연합UMP, Union pour un Mouvement Populaire의 결속력을 강화하겠다는 전략은 이제 어느 장관이나 앵무새처럼 똑같은 말을 해대면서 비생산적인 것이 되었다. 이러한 세뇌 교육의 인상을 묘사하기 위해 빌럼은 잠재적으로 암을 유발할 수 있는 유방 임플란트의 불량 이식제품 스캔들을 동원했다.

빌럼의 만평
프랑스, '리베라시옹', 2012년

뇌 이식의 스캔들
"자, 이제 언어뇌를 이식할 차례입니다!"

UN NOUVEL ESPOIR POUR L'EUROPE ?

스테프의 만평
태국, 2012년

유럽의 새로운 희망?
"빨리!!!"

방콕에 정착한 프랑스 만
평가 스테프는 독일 총
리가 전 프랑스 대통령
을 지배한 뒤 새로 당선
된 대통령마저 길들이
려는 모습을 그렸다. 앙

겔라 메르켈은 위기에 대처하는 과정에서 자신의 경제모델과 긴축정책을 강요했고, 프랑스와 독일의
커플이 유럽연합 내에서 재정 균형의 모델이 되도록 이끌었다. 이러한 긴축정책에 반대해 프랑수아 올
랑드는 경기 활성화를 주장했고, 성장지원 조치를 포함하는 새로운 재정규칙의 협약이 필요하다고 강
조했다. 그러나 만평에 등장하는 채찍과 목줄에서 알 수 있듯이 앙겔라 메르켈 독일 총리에 대해 진정
한 반대 정책을 주장하기가 쉽지 않다는 점을 스테프는 지적한다.

글레즈의 만평
부르키나파소, 『주르날 뒤 죄디Journal du Jeudi』, 2012년

프랑스 대선 제1차 투표 한 달 전, 부르키나파소 만평
가의 캐리커처가 프랑스 잡지 『쿠리에 앵테르나시오
날』의 표지를 장식했다. 이 그림은 프랑스어권 아프
리카의 주요 풍자 잡지 중 하나이자 글레즈가 주도
하는 『주르날 뒤 죄디』에 먼저 실렸다. 처진 눈과 붉
은 볼, 연한 목살과 여드름, 그리고 다이어트를 하기
때문에 헐렁해 보이는 와이셔츠 칼라와 학생이 발언
권을 얻기 위한 것처럼 보이는 손가락 들기. 결국 글
레즈가 그린 프랑수아 올랑드의 모습은 자신감 없는
사람이다. 니콜라 사르코지와는 달리 사회당 후보는
거친 면이 적어서 캐리커처로 표현하기가 어려운 것
같다.

만평가 사전

가도 1969년 탄자니아에서 태어난 가도^{Gado}(본명 고드프리 무암펨바^{Godfrey Mwampembwa})는 건축을 공부했다. '데일리 뉴스' '비즈니스 타임스' '익스프레스' 등의 탄자니아 언론에서 프리랜서 만평가로 활동했다. 이후 중앙 및 동부 아프리카에서 가장 큰 언론 그룹인 케냐의 네이션 미디어 그룹에 들어가 '데일리 네이션'에 정기적으로 만평을 싣고 있다. 남아공의 『비즈니스 데이』와 『선데이 트리뷴』에서도 활동하며, 서구의 '가디언' '워싱턴 포스트' '르 몽드' 등에서도 활동했다.

고메스, 카우 1972년 브라질에서 태어난 카우 고메스^{Cau Gomez}(클라우디우 고메스^{Claudio Gomez})는 1990년대 초부터 그림을 게재하기 시작했다. '조르나우 두 브라질^{Jornal do Brasil}' '오 에스타두 데 상파울루^{O Estado de São Paulo}' 『오 파스큄21^{O Pasquim21}』에서 활동했다. 2001년부터 2007년까지 '조르나우 아 타르드^{Jornal A Tarde}'에서 일러스트레이션과 그래픽을 담당했고, 자신의 작품을 프랑스 및 라틴아메리카 여러 나라에서 전시한 바 있다. 그는 여러 상을 수상했는데, 2002년에는 포르투 세계만평축제상을, 2005년에는 월드프레스카툰 2위상을 받았다.

그라프, 핀 1938년 노르웨이에서 태어난 핀 그라프^{Finn Graff}는 일러스트레이터이자 정치 캐리커처 작가다. '모르옌포스텐^{Morgenposten}'에서 활동을 시작하여 '아르베이더블라데트^{Arbeiderbladet}'로 옮겨갔다. 이후 '다그블라데트^{Dagbladet}'로 가서 현재는 대표 만평가로 지낸다. 몬트리올 국제만평살롱에서 4관왕에 올랐고, 뉴욕만평가협회 회원이기도 한 그의 작품은 현재 노르웨이 국립미술관에 전시되어 있다.

글레즈 1967년 프랑스에서 태어난 다미앵 글레즈^{Damien Glez}는 부르키나파소에 거주한다. 스물두 살에 아프리카로 경제학을 가르치러 떠났고, 그곳에서 그림을 그리기 시작했다. 1991년 와가두구에서 『주르날 뒤 죄디』라는 풍자 언론에 참여했고 오늘날은 그 리더가 되었다. 프랑스, 이탈리아, 독일 등에서 만평을 발표했고 미국에서는 『월드 폴리시 저널^{World Policy Journal}』에 정기적으로 만평을 싣고 있다. 2001년 범아프리카 풍자 월간지 『르 마라부^{Le Marabout}』를 창립하여 현재 편집국장이다. 2002년 올해의 아프리카 만평가상을 받았으며 프랑스와 부르키나파소의 이중 국적을 가지고 있다.

네릴리콘 1966년 멕시코에서 태어난 안토니오 네릴리콘^{Antonio NériLicón}은 1986년 만평가로 활동하기 전에 디자인을 공부했다. 1991년부터 자유주의 성향의 경제 일간지 '엘 에코노미스타^{El Economista}'에서 근무한다. 때때로 풍자적이고 비판적인 경향의 주간지 『밀레니오 세마날^{Milenio Semanal}』에도 참여한다.

노리오 1947년 일본에서 태어난 야마노이 노리오^{山井教雄}는 처음에 텔레비전 광고 개발과 제작 분야에서 일했다. 1977년 파리에 정착해 영화를 만들고 국립동양어문화대학^{INALCO}에서 일본어를 가르쳤다. 1987년 일본으로 돌아가 이듬해 잡지 『아에라』에 만평을 발표하기 시작했다. 1991년 만평 분야 최고의 상이라고 할 수 있는 분순 만화상을 수상했다. 그는 쿠리에 앵테르나시오날 상을 받기도 했는데, 이 잡지와 정기적으로 협력한다.

담, 아렌트 판 1945년 네덜란드에서 태어난 아렌트 판 담^{Arend Van Dam}은 암스테르담 대학에서 심리학을 공부하고, 언론과 기업에서 프리랜서 일러스트레이터 및 만평가로 활약한다. 대학에서 산업심리학을 가르치며 아동서적에 그림을 그리기도 하고, 때로는 제트베^{Zetbé}라는 필명으로 만평을 내기도 한다.

댄지거 1943년 미국에서 태어난 제프 댄지거^{Jeff Danziger}는 유명한 프리랜서 만평가다. 베트남전에서 정보 및 언어 관련 장교로 근무했다. 버몬트의 고등학교에서 영어를 가르쳤고, 1971년 만평을 그리기 시작했다. 그의 만평은 전 세계의 언론에 실렸는데 그중 일간지로는 '뉴욕 타임스' '워싱턴 포스트' '월스트리트 저널' 등을, 주간지로는 『뉴스위크』나 『포브스』 등을 꼽을 수 있다. 그가 선호하는 주제는 정치인과 국제관계이며, 2006년 허블록 만평상을 수상했다.

딜렘 1967년 알제리에서 태어난 알리 딜렘^{Ali Dilem}은 카빌리아 지역 출신이다. 1988년 폭동에 동참했으며 이듬해 '알제 레퓌블리캥'에서 만평을 그리기 시작했다. 1991년에 일간지 '르 마탱'으로 옮겼고, 1996년에 '리베르테'로 갔다. 프랑스 방송 TV5의 〈키오스크〉에서 만평을 그리기도 한다. 그는 종교적 근본주의와 알제리의 권력을 장악한 군부에 모두 반대하는데, 이슬람주의자들의 압력에 저항해야 했고 여러 건의 명예훼손 소송을 치러야 했다. 2005년, 4년 전 게재된 캐리커처 때문에 6개월 실형을 선고받기도 했다.

|ㄹ|

랑헤르 아르헨티나에서 태어난 세르히오 랑헤르^{Sergio} Langer 는 만평가이자 건축가다. 만평가로서의 활동은 1979년에 시작했다. 1991년 이후 그의 작품은 아르헨티나의 언론에 정기적으로 실리며, 특히 일간지 '파히나12^{Pagina12}'라 프렌사^{La Prensa} 등에 등장한다. 또한 국제적으로 라틴아메리카의 언론에 자주 실리며, 미국의 『뉴스위크』나 'LA 타임스', 그리고 유럽에서는 스페인 잡지 『마코키^{Makoki}』 등에 실린다.

뤼번 1975년 네덜란드에서 태어난 뤼번 오펜헤이머르 Ruben L. Oppenheimer 는 플랑드르의 신문 '더 스탄다르트^{De Standaard}'와 네덜란드의 인텔리 신문 'NRC 한델스블라트' 그리고 그의 출신 도시인 마스트리흐트의 주요 언론인 '다그블라트 더 림뷔르허르^{Dagblad De Limburger}' 등에서 주로 활동한다. 2005년 벨기에와 네덜란드의 최우수 만평을 대상으로 하는 베네^{BeNE} 상을 수상했다.

르프레드투롱 1961년 프랑스에서 태어난 르프레드투롱 Lefred-Thouron 은 1984년 『아라키리^{Hara-Kiri}』에 처음 만평을 실었다. 이후 『파리의 7^{7 à Paris}』 『레벤느망 뒤 죄디 L'Événement du Jeudi』 '리베라시옹' 『샤를리 에브도』 등에서 활약했다. 현재는 『르 카나르 앙셰네』와 『레키프 마가쟁L'Equipe magazine』 등에서 일한다. 1987년 에피날^{Épinal} 정치만평축제 관객상을 수상했다. 자신만의 스타일과 유머로 프랑스 만평사에 커다란 족적을 남겼다.

리델 1962년 남아공에서 태어난 크리스 리델^{Chris Riddell}은 1988년 『이코노미스트』의 만평가가 되었다. 1991년부터 '인디펜던트'와 '인디펜던트 온 선데이'에서도 일했고, 1995년에는 '옵서버'로 옮겼다. 그는 만평가로서 활동하면서 동시에 어린이책에도 그림을 그렸다. 그의 스타일은 과거 영국의 유명한 풍자 잡지 『펀치^{Punch}』의 계보를 잇는다.

리베르 1939년 스웨덴에서 태어난 리베르 한손^{Riber} Hansson 은 스톡홀름에 주거하는 독립적 그림작가이자 일러스트레이터다. 그는 주로 '스벤스카 다그블라데트'나 '쉬스벤스칸' 등 스웨덴의 신문과 잡지에 그림을 싣지만, 프랑스의 '르 몽드'나 『쿠리에 앵테르나시오날』 등에서도 활동한다. 그의 작품 일부는 스웨덴을 비롯해 해외의 박물관에 전시되어 있다. 플로리다 보카러톤에 있는 국제만화예술박물관에서 그의 작품을 볼 수 있다.

|ㅁ|

메리노프, 알렉세이 1959년 러시아에서 태어난 알렉세이 메리노프^{Alexei Merinov}는 러시아 해병대에서 근무한 뒤 모스크바의 극장에서 일했다. 그의 만평가 활동은 1980년 '모스콥스키 콤소몰레츠'에 그림을 실으면서 시작된다. 1988년 정식으로 신문사에 입사했고, 1993년에는 상트페테르부르크 유머풍자국제축제에서 황금 오스탑상을 수상했다. 그 전해에 만들어진 이 상은 최초로 독립국연합 내에서 발표된 풍자와 유머 작품에 대해 주어지는 상이다. 메리노프는 또한 책과 사진 서적에 그림을 그렸다.

모이어 1945년 호주에서 태어난 알란 모이어^{Alan Moir}는 『불레틴^{The Bulletin}』과 '시드니 모닝 헤럴드'에서 주로 활약했고, 이곳의 대표 만평가다. 그의 작품은 12권의 책에 실렸고, 호주에서 많은 상을 수상했다.

미엘 필리핀에서 태어난 덩 코이 미엘^{Deng coy Miel}은 만평가이자 일러스트레이터다. 현재 싱가포르에 살면서 '스트레이츠 타임스'에서 일하는데, 이 신문은 싱가포르에서 가장 많은 독자 수를 자랑하는 동남아의 대표적인 영자 신문이다. 그의 만평들은 『뉴스위크』나 '인터내셔널 헤럴드 트리뷴' 등 국제적으로 저명한 언론에도 실린다.

믹스 앤드 리믹스 1958년 스위스에서 태어난 믹스 앤드 리믹스^{Mix&Remix}(본명 필립 베클랭^{Philippe Becquelin})는 만화로 활동을 시작해 만평 및 TV 방송에서 그림을 그리게 되었다. 그가 처음 만평을 발표한 것은 1984년이다. 『레브도』에서 1988년부터 1992년까지 연재만화를 그렸고, 그후 같은 언론에서 만평을 담당했다. 코가 크고 몸은 실처럼 가느다란 그의 인물은 스위스의 다른 언론인 『비브라시옹^{Vibrations}』이나 『초!^{Tchô!}』에도 등장한다.

그의 만평은 창립 시기부터 그가 관여했던 『시네 에브도Siné Hebdo』에 실리며, 국제적으로 『쿠리에 앵테르나시오날』이나 이탈리아의 『인테르나치오날레』 등에 발표된다. 스위스 로망어권 방송에서도 활동한다.

|ㅂ|

바도 1949년 퀘벡에서 태어난 기 바도Guy Badeaux는 몬트리올 신문 '가제트'의 금융 부문에서 활동을 시작했고, '르 드부아르'의 예술 분야로 옮겨갔다. 그리고 1981년 이후에는 오타와의 프랑스어 신문인 '르 드루아'에서 일한다. 그는 1995년에 캐나다 만평가 협회를 창립했고, 『포트폴리오: 올해 캐나다 최고의 만평』이라는 잡지의 편집국장이다.

바르드 1955년 스웨덴에서 태어난 망누스 바르드Magnus Bard는 1980년부터 만평가로 일하기 시작했다. 그는 스웨덴의 자유주의 세력의 조간신문인 '다엔스 뉘헤테르'에서 주로 일하지만 동시에 노동계 잡지인 『콤무날라르베타렌Kommunalarbetaren』에도 그림을 싣는다. 그는 아동책과 일반 성인책에 그림을 그리기도 한다.

바우로 1955년 이탈리아에서 태어난 바우로 세네시Vauro Senesi는 자국에서 매우 인기 있는 만평가이며 텔레비전에도 자주 등장하는 인물이다. 그는 풍자 주간지 『복서Boxer』를 주도했으며, 이탈리아 최고의 일간지 '코리에레 델라 세라Corriere della Sera' 및 매년 발간되는 『스메모란다Smemoranda』 등에서 활약했다. 그의 만평은 이탈리아의 『리누스』와 같은 잡지나 프랑스의 『레코 데 사반L'Écho des Savanes』 등에 실리기도 했다. 1996년 그는 포르테 데이 마르미Forte dei Marmi 정치풍자상을 수상했으며, 정치 및 종교 풍자로 법원을 자주 들락거리기도 했다. 국제문제를 다루는 온라인 일간지 '피스리포터PeaceReporter'에서 참여 예술가로 활동하고, NGO 이머전시에도 관여한다.

베네딕트 1972년생인 베네딕트 삼보Bénédicte Sambo는 선생님이었고, 여러 책에 그림을 그렸으며 만평가가 되기 전에 청소년 관련 주제로 강연을 하기도 했다. 그녀가 첫 만평을 게재한 것은 2004년 로망 지역의 풍자 잡지 『사튀른Saturne』이며 2006년부터는 믹스 앤드 리믹스가 창립한 월간지 『프르미에 드그레1er degré』에 참여했다. 2010년에는 새로운 로망 지역의 풍자지 『비구스Vigousse』

에 들어갔다. 2011년부터는 독립 일간지 '르 쿠리에Le Courrier'에 매주 그림을 발표한다.

베르트람스, 요엡 1946년에 태어난 요엡 베르트람스Joep Bertrams는 네덜란드의 정치 만평가다. 오랫동안 '헷 파롤'에서 일했고, 2011년에는 『더 흐루너 암스테르다머르De Groene Amsterdammer』 잡지에 들어갔으며, 정치와 뉴스를 다루는 TV 프로그램 〈노바NOVA〉와 〈니우스우르Nieuwsuur〉에서 일한다. 만평은 이미 '뉴욕 타임스'나 '르몽드' 또는 『뉴스위크』 등에 실린 바 있다. 그는 그밖에도 연극이나 텔레비전 방송에서 무대 장식을 하고 아동책에 그림을 그린다.

벨, 스티브 1951년 영국에서 태어난 스티브 벨Steve Bell은 1977년 독립 만평가로 활동을 시작했다. 1981년 이후 '가디언'에 매일 실리는 만평으로 유명해졌고, 그곳의 주요 만평가 가운데 한 명이다. 좌파 성향의 『뉴 스테이츠먼New Statesman』에도 만평을 발표하며, 채널4와 BBC에서 만화영화를 만들기도 했다.

볼리간 1965년 쿠바에서 태어난 앙헬 볼리간 코르보Angel Boligán Corbo는 아바나에서 미술 교사로 일하다 1992년 멕시코로 떠났다. 이제 멕시코 시민이 된 그는 일간지 '엘 우니베르살'의 대표 만평가로 일하며 멕시코시티에 살고 있다. 풍자 잡지 『엘 차무코El Chamuco』에서도 활동하며, 칠레의 잡지 『코노스카 마스Conozca Más』에도 참여한다. 2006년 '시사만평' 부문 월드프레스카툰상을 받았다. 또한 라틴아메리카의 만평가 모임인 카툰클럽 에이전시의 대표이기도 하다.

뵐레, 클라우스 1924년에 태어난 클라우스 뵐레Klaus Böhle는 오랫동안 독일의 유명 언론인 '디 벨트'에서 일했다. 뒤셀도르프에서 패션을 가르치기도 했으며, 연극 무대를 장식하고 인터넷 상업광고를 만들기도 했다. 2003년 본에서 사망했다.

브롬리 영국에서 태어난 데이비드 브롬리David Bromley는 시에라리온과 영국, 호주 등에서 자랐고 16세에 처음으로 호주에서 만평을 게재했다. 원래 건축을 공부했으며, '시드니 모닝 헤럴드'에서 10년 이상 일했다. 오늘날 영국으로 돌아온 그는 '데일리 텔레그래프The Daily Telegraph' '가디언' '선데이 타임스' '옵서버' 등에 만평을 그린다.

빌럼 1941년 네덜란드에서 태어난 베른하르트 빌럼 홀트롭Bernard Willem Holtrop은 1961년 '헷 프리예 폴크Het Vrige Volk'에 처음 만평을 실었다. 4년 뒤 '프로보Provo'라는 신문에 들어갔고 이후 자신만의 풍자 언론을 만들었다. 1968년 프랑스에서 처음으로 『렁라제L'Enragé』와 『아라키리』에 만평을 실었다. 1970년부터 1981년까지는 『샤를리 에브도』에 만평을 그렸다. 현재는 없어졌지만 네덜란드의 '데 니우 리니De Nieuwe Linie'에서도 오랫동안 활동한 바 있다. 프랑스에 거주하면서 '리베라시옹' 『폴리티스Politis』 『레코 데 사반』 『샤를리 에브도』 등에 정기적으로 작품을 발표한다.

빌조, 안드레이 1953년 러시아에서 태어난 안드레이 빌조Andreï Biljo는 정신과 전문의이자 만평가다. 1997년 러시아 NTV 채널에서 운영하는 풍자 프로그램 〈이토고Itogo〉에 참여하면서 만평가로 일하기 시작했다. 이 방송의 중요한 요소로 그의 코너가 부상하면서 인기를 얻었다. 1997년 그는 자신이 선호하는 만평 주인공의 이름을 따서 '클럽 페트로비치'라는 레스토랑을 열었다. 이 클럽은 소비에트 시기를 연상시키는 실내장식으로 유명하며, 이곳의 식기에는 그의 그림이 실려 있다.

| ㅅ |

사비냐크, 장루이 1950년 프랑스에서 태어난 장루이 사비냐크Jean-Louis Savignac는 신문과 방송에서 모두 만평 활동을 한다. 1991년 이후 '론 레퓌블리캥L'Yonne Républicaine'에서 기자로 일해왔다. 또한 『레코 뒤 상트르L'Écho du Centre』 『리무쟁 마가쟁Limousin Magazine』 『메드생 제네랄리스트Le Médecin Généraliste』 등 다양한 지역 신문과 전문지에서도 활동했다. 2002년까지는 지역방송 프랑스3 리무쟁에서 법원 스케치를 담당하기도 했다. 1989년에는 생쥐스트르마르텔Saint-Just-le-Martel 유머만평국제살롱에서 비평유머 부문의 2등상을 수상했다. 2011년부터는 '쉬드 우에스트Sud-Ouest'에서 일한다.

사프카 1958년 폴란드에서 태어난 헨리크 사프카Henryk Sawka는 잡지 『Itd』에서 1985년부터 만평을 발표했다. 그의 작품은 '가제타 비보르차Gazeta Wyborcza'나 『뉴스위크 폴스카Newsweek Polska』 '폴스카 더 타임스Polska the Times' 등에 실렸고 외국 잡지 『플레이보이』 등에도 게재되었다.

샤 1973년에 태어난 샤리촨夏丽川은 중국 예술가다. 일본

에서 열린 국제만평축제에서 1997년에 처음 상을 받았다. 이후 그녀의 만평은 전 세계에 실린다. 중국에서 영향력 있는 신문 가운데 하나인 '인민일보'는 그녀를 부록 '매일만평'의 대표 작가로 선정했다. 2001년부터 중국의 '파이낸셜 타임스'라고 할 만한 잡지 『차이징』에서도 만평가이자 만화가이자 일러스트레이터로 일한다.

샤파트 1967년 파키스탄에서 태어난 패트릭 샤파트Patrick Chappatte는 싱가포르와 스위스에서 자랐다. 레바논 출신이면서 스위스 국적을 가진 샤파트는 제네바에 있는 '르 탕'에서 일하며 취리히의 일요 신문 '노이에 취리허 차이퉁'에서 활동한다. 1995년부터 1998년까지 미국에서 살면서 '뉴욕 타임스'에서 일했고, '인터내셔널 헤럴드 트리뷴'은 2001년부터 그의 만평을 실었다. 또한 『레브도』나 『디 벨트보헤Die Weltwoche』에도 그의 그림이 실린다. 2012년에는 '인터내셔널 헤럴드 트리뷴'에서의 활동을 인정받아 오버시스 프레스 클럽 오브 아메리카Overseas Press Club of America가 주는 토머스 내스트Thomas Nast 상을 받은 최초의 외국인이 되었다.

쇼프, 올리버 1960년 오스트리아에서 태어난 올리버 쇼프Oliver Schopf는 빈 미술아카데미에서 공부했다. 처음에는 프리랜서 만평가로 시작했다. 오스트리아와 외국의 언론에서 활동하며 스위스의 풍자 잡지 『네벨스팔터르』 등에도 참여했다. 1988년부터 빈의 중도좌파 계열 '데어 슈탄다르트'에서 활약하며, 2005년 이후에는 정기적으로 취리히의 '타게스안차이거Tages Anzeiger'와 독일의 저명지 '쥐트도이체 차이퉁'에 만평을 실었다.

쇼트 네덜란드에서 태어난 바스 판 더 쇼트Bas Van der Schot는 네덜란드 지식인층의 대표 신문인 'NRC 한델스블라트'와 그 자매지 'NRC 넥스트NRC Next' 그리고 주간지 『인테르메디아이르Intermediair』 등에서 활동한다. 그의 만평은 독일의 일간지 '더 폭스크란트De Volkskrant'나 '디 벨트' 일요판에도 실린다. 2007년 네덜란드의 최고 정치 만평에 주는 '잉크트스포트프레이스Inktspotprijs'를 수상했다.

슈랑크, 페터 1952년 스위스에서 태어난 페터 슈랑크Peter Schrank는 1981년부터 만평에 집중했으며, 런던에서 20여 년 동안 프리랜서 만평가와 일러스트레이터로 활동했다. 2002년부터 영국 동부에 있는 서픅에 거주한다. 그의 만평은 '인디펜던트'와 『이코노미스트』 그리고 아일랜드의 일요 신문 '선데이 비즈니스 포스트' 등

에 실린다. 조국인 스위스에서는 '바슬러 차이퉁Basler Zeitung'에서 만평 활동을 한다. 2000년에는 UN 특파원 협회에서 주는 라난 루리Ranan Lurie 정치만평상을 수상했다.

슈발메, 라이너 1937년 독일에서 태어난 라이너 슈발메Reiner Schwalme는 여러 출판사에서 도서 일러스트레이션 작가로 활동을 시작했다. 1985년부터 풍자 잡지 『오일렌슈피겔』에 참여했다. 많은 만평가와 마찬가지로 구동독에서 1989~90년에 활발하게 활동했으며, 통일에 대한 만평으로 독일에서 유명해졌다.

슈투트만, 클라우스 1949년 독일에서 태어난 클라우스 슈투트만Klaus Stuttmann은 베를린에서 역사와 예술사를 공부한 뒤 프리랜서 만평가로 활동을 시작했다. 그는 정기적으로 독일 언론에 만평을 싣는데, 대표적으로 저명한 '프랑크푸르터 알게마이네 차이퉁Frankfurter Allgemeine Zeitung' '라이프치히 폭스차이퉁Leipzig Volkszeitung' '디 타게스차이퉁' '바디셰 차이퉁Badische Zeitung' 그리고 풍자 잡지 『오일렌슈피겔』 등을 들 수 있다. 2010년 이탈리아 포르테 데이 마르미에서 정치풍자 1등상을 수상했다.

스테프 1964년에 태어난 스테프Stephff(본명 스테판 퍼레이Stephane Peray)는 동아시아에서 사진기자로 활동했고, 1998년부터 만평을 그리기 시작했다. 방콕에 자리잡은 뒤 그는 여러 대륙의 다양한 언론에 작품을 싣는다. 아시아에서는 『파 이스턴 이코노믹 리뷰Far Eastern Economic Review』 『아시아위크Asiaweek』 '인도네시안 옵서버' '자카르타 포스트' '차이나 데일리' 그리고 두바이의 '걸프 데일리 뉴스', 쿠웨이트의 '쿠웨이트 타임스', 스위스의 '타게스안차이거Tages Anzeiger' '인터내셔널 헤럴드 트리뷴' 등에서 활동한다. 2006년부터 그가 태국의 '네이션'에 싣는 작품들은 전 세계 20여 개 일간지에서 다시 게재한다.

시망카 1960년 쿠바에서 태어난 오스마니 시망카Osmani Simanca는 15세에 쿠바 잡지 『데데테Dedeté』에 처음 만평을 실었다. 1995년에 브라질로 이주했고, 바이아 주에서 발행해 전국적으로 읽히는 신문 '아 타르지'의 대표 만평가로 활약한다. 그의 작품은 국제적으로 미국이나 캐나다의 'LA 타임스' '워싱턴 포스트' '토론토 스타' 등에 실린다.

ㅇ

아레스 1963년 쿠바에서 태어난 아리스티데스 에스테반 에르난데스 게레로Arístides Esteban Hernández Guerrero는 아레스Ares라는 필명으로 캐리커처, 일러스트레이션, 그림 등 다방면에서 활동한다. 원래 정신과 전문의였지만, 1984년 『오피나Opina』라는 잡지에 그림을 싣기 시작했다. 오늘날 아바나에서 독립 만평가로 활동하는 그의 작품은 전 세계 언론에 실린다. 그는 쿠바 만평가 중에서 국제상을 가장 많이 받았는데, 그중 하나는 일본 요미우리 신문 국제카툰대회상이다.

아메어 1953년 오스트리아에서 태어난 볼프강 아메어Wolfgang Ammer는 1981년부터 유럽의 오래된 신문 가운데 하나인 '비너 차이퉁Wiener Zeitung'에 그림을 실었다. 일본의 유명 언론인 '아사히 신문'이나 독일의 보수 언론 '디 벨트'에서도 활동하며, 국제적 언론인 '인터내셔널 헤럴드 트리뷴'이나 잡지 『뉴스위크』 등에도 그의 작품이 정기적으로 실린다.

안토니오 1953년에 태어난 안토니오 안투네스António Antunes는 지난 수십 년간 포르투갈 최고의 만평가로 평가받아왔다. 그는 1974년 카네이션 혁명 직전 '레퓌블리카República' 석간판에서 활동을 시작했다. 1975년부터는 포르투갈의 대표적 주간지 『엑스프레소』에서 만평을 발표했으며, 오늘날 이곳의 대표 정치 만평가가 되었다. 그는 여러 차례 만평상을 수상했으며, 특히 1983년에는 몬트리올 국제만평살롱의 그랑프리를 받았다. 또한 월드프레스카툰이라는 국제만평축제의 설립 멤버이자 주요 리더로 활동한다.

알탄 1942년 이탈리아에서 태어난 프란체스코 툴리오 알탄Francesco Tullio Altan은 만평을 그리기 전에 건축을 공부했다. 1975년부터 그의 정치풍자예술 실력이 인정을 받으면서 중도 좌파의 대표 잡지 『레스프레소L'Espresso』에서 활동했고, '레퓌블리카'에도 진출했다. 그는 풍자 잡지 『리누스』에도 그림을 실으면서 동시에 아동을 위한 그림 활동을 벌인다. 알탄은 이탈리아에서 널리 알려진 만평가 가운데 한 명이다.

에이슬린 캐나다에서 1942년에 태어나 에이슬린Aislin으로 불리는 크리스토퍼 테리 모셔Christopher Terry Mosher는 '몬트리올 스타The Montreal Star'에서 만평을 그리기 시작했고, 1972년에 '가제트'로 옮겼다. 그의 만평은 미국 언론에도 실리는데 '워싱턴 포스트'나 '뉴욕 타임스' 또는 주간지 『타임』 등이다. 1993년 그는 캐나다 하원이 처음으로 작업 스타일을 문제삼은 만평가가 되기도 했다.

에흐르트, 라이너 1960년 태어난 라이너 에흐르트Rainer Ehrt는 독일의 화가이자 조각가이며 캐리커처 작가다. 그래픽을 공부한 뒤 책 일러스트레이션과 연극 포스터 제작으로 활동을 시작했으며, 『오일렌슈피겔』과 같은 언론에서 만평가로 활동했다. 바르바라 헤니거, 라이너 슈발메, 클라우스 슈투트만 등과 같이 동독에서 1989~90년에 만평을 그리기 시작했다.

엘 로토 1947년 스페인에서 태어난 안드레스 라바고 가르시아Andrés Rábago García는 '파괴된 자'라는 의미의 엘 로토El Roto를 예명으로 사용하는 만평가이자 화가다. OPS라는 예명을 사용하기도 했다. 그는 사회참여 예술가로 사회적 불평등을 비판한다. 그의 만평은 정기적으로 '엘 파이스' '엘 페리오디코 데 카탈루냐El Periódico de Cataluna' '디아리오 16Diario 16' '티엠포Tiempo' 등의 스페인 언론에 실린다. 1999년 쿠리에 앵테르나시오날 만평상과 뉴스 디자인 소사이어티 1등상을 수상했다.

옙투첸코, 알렉세이 1957년 구 동독에서 태어난 알렉세이 옙투첸코Alexeï Evtouchenko는 1980년에 러시아로 이주했고, 처음에는 건축가로 일했다. 1985년 그는 지역 신문에서 만평을 그리기 시작했고, 1999년에는 모스크바에 정착했다. 오늘날 그는 『디 오러클The Oracle』의 대표 만평가다.

올리판트 1935년 호주에서 태어난 팻 올리판트Pat Oliphant는 '뉴욕 타임스'에 의하면 현세의 가장 영향력 있는 만평가 가운데 한 명이다. 그는 호주에서 판매부수가 많은 신문 중 하나인 '애드버타이저The Advertiser'에서 만평을 그리기 시작했고, 1955년에는 그 신문의 대표 만평가가 되었다. 1967년 호주를 떠나 미국 '덴버포스트The Denver Post'에서 일하기 시작한 지 3년 만에 퓰리처상을 수상했다. 1981년 이후에는 프리랜서 만평가로 활동한다. 올리판트 만평의 특징은 '펑크'라는 이름의 날아다니는 존재가 등장하는 것인데, 플랑뒤의 쥐와 비슷한 역할을 한다.

옴부 1956년에 우루과이에서 태어난 옴부Ombú(본명 페르민 온투Fermín Hontou)는 미술과 판화, 실크프린트 등을 공부했다. 1981년부터 데생과 캐리커처, 일러스트레이션과 만화를 우루과이 및 국제적 언론에 실었다. 2000년 주간지 『브레차 데 몬테비데오Brecha de Montevideo』에 실린 만평으로 브라질 포르투알레그리 국제언론살롱의 1등상을 수상했다. 현재 멕시코에서 살고 있다.

울리세스 1963년 멕시코에서 태어난 울리세 쿨레브로 바에나Ulysse Culebro Bahena는 저명 일간지 '라 호르나다La Jornada'가 1984년 멕시코시티에서 창간된 이후 이곳의 대표 만평가로 있다. 1991년부터 마드리드의 일간지 '엘 문도'에서도 활동하며 현재 예술국장을 맡고 있다. 미국과 남아메리카, 프랑스와 폴란드 등에서도 작품을 출판했다.

윌킨슨, 시그네 1959년 미국에서 태어난 시그네 윌킨슨Signe Wilkinson은 1992년 만평 부문 퓰리처상을 수상한 첫번째 여성 작가다. 그녀의 만평은 1982년 '산호세 머큐리 뉴스The San Jose Mercury News'에 실리기 시작했다. '필라델피아 데일리 뉴스'로 옮겨간 이후 지금까지 그곳에서 일한다. 2007년부터 2011년까지 그녀는 '패밀리 트리Family Tree'라는 일간 코너를 운영해 대단한 인기를 누렸다. 1994년부터 1995년까지 미국 만평가협회장을 역임했다.

이크 이크Hic(본명 히샴 바바 아메드Hicham Baba Ahmed)는 알제리의 만평가다. 1998년 『로텡티크L'Authentique』에 입사했다. 이후 1999년 '르 마탱'으로 옮겼다가 2004년에는 『쥔느 앙데팡당Jeune Indépendant』으로 갔으며, 2006년부터는 '르 수아르 달제리Le Soir d'Algerie'에서 일한다. 아직도 그곳에서 활동하며 알제리 신문 '엘 와탄'이나 『쿠리에 앵테르나시오날』에 그림을 발표한다.

| ㅈ |

자피로 1958년 남아공에서 태어난 자피로Zapiro(조너선 샤피로Jonathan Shapiro)는 전업 만평가로 일하기 전 건축 공부를 했다. 인종차별제도 반대 운동에 동참했고, 그 때문에 1988년 수감되었다. 이후 뉴욕의 스쿨 오브 비주얼 아트School of Visual Arts에서 공부한 뒤 1991년 다시 조국으로 돌아왔다. 1994년부터 '메일 앤드 가디언'에서, 1998년부터 '선데이 타임스'에서, 그리고 2009년부터 '더 타임스'에서 대표 만평가로 일했다. 또한 1994년부터 2005년까지 『소웨탄Sowetan』, 1996년부터 1997년까지 '케이프 아거스Cape Argus', 2005년부터 2008년까지

'프리토리아 뉴스', 그리고 '스타' 및 '케이프 타임스' 등의 언론에도 기여했다. 2001년에 CNN이 정하는 올해의 아프리카 기자상을 받은 첫번째 만평가가 되었다.

제브 제브^Zeev로 불리는 야코브 파르카슈^Yaakov Farkash는 1923년 부다페스트에서 태어났다. 독일군 점령 후 그는 헝가리 군대의 노동 수용소에 수감되었다. 1944년 말에는 부헨발트 수용소에 보내졌고, 다시 다하우로 이동했다. 1947년 팔레스타인으로 이주했고, 그가 도착하고 6개월 뒤 이스라엘의 독립이 선포되었다. 군에 입대해 독립전쟁이 끝날 때까지 전쟁을 치렀다. 만평을 그리기 시작한 것은 1952년이다. 10년 뒤 저명 일간지 '하아레츠'에 들어가 매일 한 편의 만평을 그리기 시작했다. 1963년부터는 일주일에 한 번 신문 전면을 장식하는 만평을 발표할 수 있게 되었다. 30여 년 가까이 그의 그림은 그 주의 사건을 요약하는 국민 일기가 되었다. 제브는 2002년 사망했다.

쥘 1974년 프랑스에서 태어난 쥘^Jul(쥘리앵 베르조^Julien Berjeaut)은 만평가이면서 여러 작품을 발표한 만화작가이기도 하다. 사범대학 출신으로 중국사를 가르치다가 대학에서 멀어져 '피레네 누벨 레퓌블리크^La Nouvelle République des Pyrénées'나 『르 누벨 옵세르바퇴르^Le Nouvel Observateur』에 만평을 발표하기 시작했다. 그는 『마리안^Marianne』과 '라 데페쉬 뒤 미디^La Dépêche du Midi'에서도 활동했다. 1999년에는 『샤를리 에브도』에 합류했고, 2002년에는 『레코 데 사반』에서 만화 연재를 시작했다.

|ㅋ|

카마구르카 1956년 벨기에에서 태어난 카마구르카 Kamagurka(본명 뤼크 지브로크^Luc Zeebroek)는 작가이자 만평가이자 화가다. 초기 작품은 벨기에의 잡지 『우모 Humo』에 실렸다. 그후 그의 작품은 많은 국제적 언론에 실렸고 특히 프랑스의 『샤를리 에브도』, 영국의 『스펙테이터^The Spectator』, 독일의 『오일렌슈피겔』, 미국의 『뉴요커』 등에 발표되었다. 20여 편의 만화, 1권의 아동책, 그리고 2편의 연극을 발표했다.

카뷔 1938년 프랑스에서 태어난 장 카뷔^Jean Cabut는 에콜에스티엔^E'école Estienne에서 공부했다. 그는 캐리커처 작가, 논객, 그림 속기사 등으로 활동하며 1963년에 『필로트^Pilote』라는 잡지에서 그의 대표적인 인물 '커다란

뒤뒤슈^le Grand Duduche'를 만들었다. 그다음으로 『르 카나르 앙셰네』에서 일했고, 다른 프랑스 언론인 '르 피가로'나 『샤를리 에브도』 등에 실렸다.*

카하스 1951년 에콰도르에서 태어난 프란시스코 카하스 라라^Francisco Cajas Lara는 건축을 공부했다. 현재 '엘 코메르시오'에서 만평을 그리며 그래픽과 그림을 총책임지고 있다. 그는 경제 매거진 『리데레스^Lideres』와 베네수엘라의 '울티마스 노티시아스^Ultimas Noticias' 등에서도 활약한다. 1993년 아메리카언론협회에서 주는 만평상을 수상했으며, 2000년에는 프랑스 루앙 시에서 개최한 제2회 국제만평축제에서 수상했다.

카힐류 1974년 포르투갈에서 태어난 안드레 카힐류^Andre Carrilho는 1992년부터 포르투갈 주요 언론에서 캐리커처, 그림, 만평 등을 발표해왔다. 그는 많은 국제상을 받았고, 특히 미국의 뉴스 디자인 소사이어티에서 주는 만평 부문 골드어워드를 받았다. 작곡가이자 프로그래머인 DJ 누노 코헤이아^Nuno Correia와 함께 〈비디오잭〉이라는 만화를 만든다. 그의 만평은 '뉴욕 타임스' 『뉴요커』 『배너티 페어^Vanity Fair』 등에 실렸다.

칼 1955년 미국에서 태어난 칼^Kal(본명 케빈 캘로거^Kevin Kallaugher)은 하버드대를 졸업했다. 1978년부터 영국 『이코노미스트』에서 일했고, 이 영국 주간지가 19세기 중반에 만들어진 이래 최초의 상임 만평가가 되었다. 1988년, 미국으로 돌아간 뒤 '볼티모어 선'에서 일했다. 물론 『이코노미스트』의 만평도 계속 그리다가, 2011년에는 완전히 '볼티모어 선'으로 옮겼다. 그는 퓰리처상 다음으로 가장 인정받는 오버시스 프레스 클럽 오브 아메리카가 수여하는 토머스 내스트 상을 세 번이나 받았다.

캠 1965년 캐나다에서 태어난 캠(본명 캐머런 카도^Cameron Cardow)은 '오타와 시티즌'의 만평가다. 광고회사의 아트디렉터로 활동하면서 동시에 멀티미디어 제작과 그림 작업도 한다. 그의 만평은 'NRC 한델 스블라트'나 '뉴욕 타임스' '글로브 앤드 메일' 『타임』 등에 실렸다.

커밍스 1948년 캐나다에서 태어난 데일 커밍스^Dale Cummings는 만화영화 분야에서 일을 시작했다. 처음에

---

* 카뷔는 2015년 1월 7일에 벌어진 『샤를리 에브도』 테러 사건에서 사망했다.

는 프리랜서로 일했고, '뉴욕 타임스' 『캐나디언 포럼 The Canadian Forum』 『라스트 포스트 Last Post』 『매클린스 Maclean's』 '토론토 스타' 등에 만평을 실었다. 1981년부터는 '위니펙 프리 프레스'의 대표 만평가다.

코락스 1933년 세르비아 출생인 프레드라그 코라크시츠 Predrag Koraksic는 1950년 '예즈Jez'에서 만평을 그리기 시작했다. 그후 '베체르네 노보스티Vercernje Novosti'에서 25년간 일했다. 1990년에는 베오그라드 정부의 압력으로 언론사에서 쫓겨났다. 밀로셰비치 반대세력을 대표하는 코락스는 '보르바Borba'에서 일하다가 주간지 『브레메Vreme』의 편집진에 참여했으며, 일간지 '다나스Danas'로 옮겨 요즘도 그곳에서 활동한다. '다나스'는 밀로셰비치 정권의 언론 탄압에 맞서 1997년 설립된 언론으로, 현재 세르비아의 대표적인 독립 언론사다.

코스트 1970년 모스크바에서 태어난 코스트(본명 콘스탄틴 쉬네르베르흐Constantin Sunnerberg)는 열 살 때 어린이 동화책에 그림을 그리기 시작했다. 브뤼셀의 라캉브르 대학 출신으로 1998년 '르 수아르'에 취직했다. 현재까지 1천 편이 넘는 작품을 발표했으며, 그중 1면에 실린 그림도 상당하다. 그의 만평은 '르 몽드' '인디펜던트 온 선데이' 『레브도 드 주네브L'Hebdo de Geneve』 등에 실렸다. 브뤼셀 법원에서 열린 르완다 인종학살 소송에서 법정 스케치를 담당하기도 했다.

콘래드 1924년 미국에서 태어난 폴 콘래드Paul Conrad는 만평 부문 퓰리처상을 세 차례(1964년, 1971년, 1984년)나 수상했다. 아이오와 주의 지역신문에서 그림을 그리기 시작하여 '덴버 포스트'로 옮겼고, 'LA 타임스'로 가서 1993년까지 대표 만평가로 활동했다. 2002년 LA정치그래픽연구소의 상을 받았고, 그의 작품은 워싱턴의 의회도서관에 상설 전시되어 있다. 콘래드는 2010년 사망했다.

콜리뇽, 요스 네덜란드에서 1950년 태어난 요스 콜리뇽 Jos Collignon은 1977년 네덜란드 인텔리의 대표 신문인 'NRC 한델스블라트'에서 만평을 그리기 시작했다. 오늘날 그는 네덜란드의 다양한 매체에서 활동하고 있다. 특히 '데 폴크스란트De Volksrant'라는 저명 일간지에서 오피니언 면을 맡고 있다.

쿤투리스 1960년 그리스에서 태어난 마이클 쿤투리스 Michael Kountouris는 1985년에 만평가 생활을 시작했다. 로

도스 섬 출신으로 아테네에 살면서 '엘레프테로스 티포스Eleftheros Typos'에서 활동한다. 그의 만평은 국제적으로 '가디언'이나 '르 몽드' 등에도 실렸다. 그동안 다양한 상을 받았으며, 특히 2008년에는 UN 정치만평상인 라난 루리 상을 받았다.

크롤 1958년, 지금의 콩고민주공화국인 벨기에령 콩고에서 태어난 피에르 크롤Pierre Kroll은 원래 건축을 공부했고, 1985년 프리랜서 만평가로 활동을 시작했다. 오늘날 그는 벨기에 석간지 '르 수아르'의 대표 만평가이며 주간지 『텔레무스티크Télémoustique』에서도 활동한다. 벨기에 방송에서도 활발하게 일하는데, 매주 방영되는 정치 토론 방송의 고정 멤버다. 1986년 생쥐스트르마르텔 유머만평국제살롱에서 비평유머 부문 그랑프리를 받았다.

키슈카 1954년 벨기에에서 태어난 미셸 키슈카Michel Kichka는 1974년 이스라엘로 이주했다. 현재 그곳에서 다양한 언론에 만평을 발표하는 프리랜서 만평가다. 프랑스 채널5와 이스라엘의 채널 투에서 일했다. 만화를 그리기도 하고 아동책의 그림을 담당하기도 하며 광고에도 참여한다. 현재 자신이 공부한 베잘렐 아카데미에서 강의한다. 그는 중동의 뉴스에 특별한 관심을 가지고 있다.

|ㅌ|

터너, 마틴 1948년 영국에서 태어난 마틴 터너Martyn Turner는 1970년대 초 만평가 활동을 시작했다. 아일랜드 벨파스트의 월간지 『포트나이트Fortnight』에 참여했고, 현재도 이 도시에 살고 있다. 1976년부터 그는 더블린에서 발간되는 아일랜드의 대표적 언론인 '디 아이리시 타임스The Irish Times'의 대표 만평가로 활동했다. 그는 영국의 '스코츠맨The Scotsman' '선데이 익스프레스' '인디펜던트' '가디언' 등에도 작품을 게재했으며, 그간의 기나긴 활동 기간에 아일랜드를 비롯해 국제적으로 많은 상을 받았다.

텔내스, 앤 1960년 스웨덴에서 태어난 앤 텔내스는 미국의 만평가 중에서 중요한 인물이며, 특히 여성이라는 점에서 그렇다. 캘리포니아 예술대학 출신인 그녀는 먼저 워너 브러더스와 월트 디즈니에서 일을 시작했다. 현재는 워싱턴에 정착하여 '워싱턴 포스트' '뉴욕 타임

스 'LA 타임스' 'USA 투데이' 등 저명 언론에 만평을 싣는다. 2001년 그녀는 퓰리처 만평상을 수상한 두번째 여성 만평가가 되었다.

톰 1950년 네덜란드에서 태어난 톰 얀센Tom Janssen은 스페인과 미국에서 살고 공부했다. 1970년 암스테르담 게리트 리트벨트 아카데미에 입학해 1975년 졸업하면서 일간지 '트라우' 국제면에 만평을 그리기 시작했다. 그 다음해부터는 오피니언 페이지에 정치 만평을 편집진의 아무런 개입 없이 자유롭게 그리게 되었다. 현재까지도 만평을 계속 싣고 있다. 네덜란드 및 국제 언론에도 다양하게 참여하며 활동하는데, 대표적으로 '르 몽드' 『타임』 '인터내셔널 헤럴드 트리뷴' '뉴욕 타임스' 등을 꼽을 수 있다.

튜닌 1942년 러시아에서 태어난 세르게이 튜닌Sergueï Tiounine은 모스크바에서 미술을 전공했다. 일러스트레이션, 그래픽 예술, 무대 장식 분야에서 일했다. 1992년부터 일간지 '콤메르산트'에서 프리랜서 만평가로 활동했다. 동시에 아동 만화 잡지의 편집국장이기도 하다. 자신의 활동을 인정받아 많은 국제상을 받았으며, 여러 차례 개인전을 열어 작품을 발표했다.

| ㅍ |

페르자트, 알리 1951년에 태어난 알리 페르자트Ali Ferzat는 시리아의 캐리커처 작가다. 그가 작품을 처음 발표한 것은 열두 살 때 '알아얌'이라는 신문이다. 그후 『아르메 뒤 푀플Armée du peuple』 『알투라Althoura』 『티슈레인Tishrein』 등에서 활동했다. 2000년 『알도마리』라는 잡지를 만드는데, 급속하게 검열의 대상이 되었다. 2011년에는 반정부 그림을 게재하자 정부 비밀경찰은 그를 납치해 폭행했다. 같은 해 그는 유럽의회가 사상의 자유를 위해 수여하는 사하로프 상을 받았다. 그리고 2012년에 영국의 NGO 인덱스 온 센서십Index on Censorship이 수여하는 언론자유상을 받았다.

페생 1950년 프랑스에서 태어난 드니 페생Denis Pessin은 프리랜서 만평가다. 1974년에 '르 몽드'에서 만평가 활동을 시작했는데 이는 플랑튀, 콩크Konk, 셰네즈Chenez와 비슷한 시기다. 35년 동안 주로 '르 몽드'에서 만평을 발표했다. 2000년에서 2009년까지 『시콜로지 마가쟁Psychologies Magazine』에서도 활약했으며, 2009년에는 『슬레

이트Slate.fr』의 애널라이즈 팀으로 이동했다. 주간지 『앙트르프리즈Entreprise』와 『카리에르Carriéres』에서도 일한다. 1988년에는 에피날 정치만평축제의 그랑프리를 받기도 했다.

푼타리치, 펠릭스 1952년 크로아티아에서 태어난 펠릭스 푼타리치Felix Puntarić (본명 스레츠코 푼타리치Srecko Puntarić)는 1975년 풍자 잡지 『케렘푸Kerempuh』에 처음 만평을 실었다. 이후 크로아티아의 수많은 언론에서 활약했으며 유럽에서는 독일의 유머 잡지 『오일렌슈피겔』 등과 일했다. 그의 작품에 등장하는 대표적인 인물은 펠릭스다. 그는 펠릭스 펀 팩토리Felix Fun Factory라는 이름으로 자그레브 최초의 만평 갤러리도 열었다. 현재 크로아티아의 최대 일간지인 '베체르니 리스트Vecernji List'에서 활약한다.

프뤼스텔 1951년 독일에서 태어난 안드레아스 프뤼스텔Andreas Prüstel은 건설노동자로 일하면서 라이프치히 시각예술아카데미에서 야학을 다녔다. 1988년 자신의 그림을 처음 전시했으며, 현재 『오일렌슈피겔』 『지티Zitty』 『슈트라센페거Strassenfeger』 등에서 활동한다.

피스메스트로비치 1951년 구 유고연방 세르비아에서 태어난 페타르 피스메스트로비치Petar Pismestrović는 자그레브에서 정치학을 공부한 뒤, 1970년 만평가로 활동을 시작했다. 1992년부터는 오스트리아의 주요 지역 신문인 '클라이네 차이퉁'에서 활동해왔다. 그의 만평은 '뉴욕 타임스'와 '인터내셔널 헤럴드 트리뷴'에 실린 바 있다. 크로아티아 만평가협회의 창립 멤버이기도 하다.

| ㅎ |

하다드 1945년 레바논에서 태어난 하비브 하다드Habib Haddad는 독학파다. 레바논의 여러 잡지에 만평을 싣기 시작했다가 레바논을 떠나 런던의 일간지 '알 하야트'로 옮겼다. 2011년 생쥐스트르마르텔 유머만평국제살롱에서 비평유머 부문 그랑프리를 받았고, 2001년 루비에 유머만평축제에서 관중상을 수상했으며, 1991년에는 에피날 정치만평축제의 심사위원회 특별상을 받았다.

하옌, 로아르 노르웨이에서 태어난 로아르 하옌Roar Hagen은 이 나라의 대표적 신문 '베르덴스 강'에 매일 만평을

신는다. 그가 선호하는 분야는 정치비평이며, 연극적 장치를 통해 표현하는 스타일이다. 만평가협회 소속으로 전 세계 언론에 발표할 기회를 갖고 있다. 현재 노르웨이 만평가협회 회장을 맡고 있다. 그의 그림은 여러 기회를 통해 전시되었으며, 오슬로 내셔널 갤러리와 노르웨이 국회의사당에서 볼 수 있다.

하흐펠트 1939년 독일에서 태어난 라이너 하흐펠트^{Rainer Hachfeld}는 극작가이자 정치 만평가다. 1952년부터 베를린에서 살고 있으며 1966년부터 만평을 그렸다. 광고회사에서 사회생활을 시작한 뒤 '슈판다우어 폭스블라트^{Spandauer Volksblatt}'에서 그림을 그리기 시작했다. 그후 그의 만평은 '디 차이트^{Die Zeit}' 『스테른^{Stern}』 '데어 아벤트^{Der Abend}' 등의 독일 언론에 실렸다. 1990년부터 사민당 계열 일간지 '노이에스 도이칠란트'에서 일하며 연극 무대를 장식하기도 한다.

허블록 1909년에 태어난 허버트 블록^{Herbert Block}(예명 허블록^{Herblock})은 매우 잘 알려진 미국 만평가다. 2001년 사망할 때까지 55년간 '워싱턴 포스트'에서 일했다. 그는 평생 수많은 상을 받았는데, 그중 만평 부문 퓰리처상을 세 번이나 받았다. 그의 작품은 워싱턴에 있는 내셔널 포트레이트 갤러리에 전시되었으며, 10여 권의 책으로 출판되었다.

헤니거, 바르바라 1938년 태어난 바르바라 헤니거^{Barbara Henniger}는 독일의 언론기자이자 만평가다. 작품은 풍자 잡지 『오일렌슈피겔』에 주로 실린다. 라이너 에흐르트, 라이너 슈발메, 클라우스 슈투트만과 마찬가지로 1989~90년 동독에서 만평 활동을 시작했다. 그녀의 작업은 벨기에와 독일에서 다양한 상을 통해 인정받았다.

헹 헹^{Heng}으로 불리는 왕진쑹^{王錦松}은 1984년부터 싱가포르의 대표적인 일간지인 '롄허자오바오'에서 일해왔다. 그는 다른 아시아 언론에서도 활동하며 국제적으로 다양하게 만평을 발표해왔다. 2000년 이탈리아 포르테 데이 마르미 국제정치만평축제에서 국제상을 수상했다.

호르히 1960년에 태어난 볼프강 호르히^{Wolfgang Horsch}는 하이델베르크에서 신학을 공부한 뒤 1990년 독일이 통일되던 해에 만평가로 활동하기 시작했다. 오늘날 그의 만평은 독일의 주요 언론이라고 할 수 있는 '쥐트도이체 차이퉁'이나 경제 일간지 '한델스블라트' 그리고 오스트리아의 '데어 슈탄다르트' 등에서 찾아볼 수 있다.

권력과 부조리에 맞서는
통쾌하고 짜릿한 만평의 세계

『세상을 향한 눈』의 작업이 한창 진행중이던 2015년 1월, 나는 방학을 맞아 파리에 갔다. 도착한 지 나흘째 되는 날, '샤를리 에브도 사건'이 터졌다. 도입부에서도 언급하듯이 범죄적 방화의 대상이었던 『샤를리 에브도』가 이번에는 중무장한 이슬람 극단주의 테러리스트의 공격을 받아 편집회의장이 피비린내 나는 학살의 현장으로 돌변한 것이었다. 이 언론사의 수뇌부가 송두리째 죽임을 당했다.

이 책에 만평이 실린 카뷔를 비롯하여 볼린스키Georges Wolinski, 샤르브Charb, 티뉴스Tignous, 오노레Philippe Honoré 등 프랑스의 대표적인 만평가들이 순식간에 목숨을 잃었다. 전통과 권위에 대한 도전 정신으로 무장한 68세대의 언론인 『샤를리 에브도』는 만평을 특히 중요시했다. 기존의 다양한 권력과 부조리를 비판하고 조롱하고 풍자하는 데 만평만큼 강하고 효과적인 무기는 드물었기 때문이다. 이 책에도 『샤를리 에브도』의 캐리커처가 일곱 컷이나 실렸을 정도로 이 잡지는 만평가들이 선호하는 자유로운 활동 무대였다.

테러 사건 이후 『샤를리 에브도』는 이슬람의 예언자 무함마드를 풍자의 대상으로 삼은 언론으로 그 의미가 압축되었지만, 이 책에서 알 수 있듯이 대단히 진보적이고 급진적인 성향의 노선을 보여왔다. 자본주의의 맹목적 물신숭배에서 벗어나 인간의 해방을 꿈꾸는 사람들이 만든 언론이었고, 인종·민족·종족·종교·성적 지향 등을 초월해 평등한 사회를 지향하는 공화주의자들의 언론이었다. '선별적 이민'에 대한 반대 입장을 빌럼의 만평에서 볼 수 있듯이 말이다.

이번 테러 사건을 통해 이제 민주국가도 더이상 언론의 자유를 만끽할 수 있는 안전지대가 아니라는 사실이 드러났다. 권위주의 국가에서는 권력이 언론의 숨통을 조이고 만평가의 입을 틀어막지만, 민주국가에서도 극단주의 테러가 얼마나 언론을 조직적으로 공격하여 위협할 수 있는지가 밝혀졌다. 프랑스에 이어 2월에는 덴마크에서도 표현의 자유에 관한 토론회장이 테러 공격의 대상이 되었다. 이제는 원칙적으로 표현의 자유가 보장되는 민주국가에서도 언론에 글을 쓰거나 만평을 그리고 출판하는 순간, 언론인이나 만평가 또는 언론사의 자기 검열이 일어날 가능성이 높아졌다. 언론의 자유를 보장하는 사회적 조건이 열악해졌다는 의미다.

『세상을 향한 눈』은 몇 가지 측면에서 한국 사회에 중요한 기여를 할 것으로 기대한다. 우선 만평이라는 장르를 새롭게 조명해준다. 프랑스에서는 만화가 이미 하나의 예술로 자리잡았다. 잘츠부르크 축제가 클래식음악의 정수를 모아놓은 전시장이라면, 앙굴렘 축제는 만화가 예술의 경지에 도달했음을 알려주는 지표다. 만평은 예술로 성장한 만화를 언론의 사설이나 칼럼과 조합한 하이브리드 작품이다. 지난해 앙굴렘 축제에서 일본의 위안부 문제 인식을 고발하는 전시회가 일본 측의 강력한 반발을 초래한 사건은 한 번 더 만평의 힘을 역설적으로 보여주었다.

이 책은 만평을 통해 역사를 바라보는 시도다. 만평은 언론과 마찬가지로 본질적으로 매우 시사적인 성격을 가졌기 때문에 만평을 모아 역사를 되돌아보는 것은 의미 있는 작업이다. 특히 이 책에서는 한 나라나 지역만이 아니라 전 세계적 역사의 흐름을 한눈에 볼 수 있도록 편집했다는 데서 그 독창성과 가치를 찾을 수 있다. 만평이라는 장르를 통해 세계사를 바라보기 때문에 재미를 느끼면서 때로는 폭소를 터뜨릴 수도 있고, 때로는 가슴이 저리는 감동을 경험하기도 한다.

『세상을 향한 눈』은 만평을 선정하여 단순히 모아놓은 책이 아니다. 만평이 포함하는 문화적 정치적 배경에 대한 설명을 친절하게 제공하기 때문에 독자가 보다 쉽게 접근할 수 있도록 준비해놓은 밥상이라고 하겠다. 우리가 외국에 가서 생전 처음 보는 음식을 접하게 되면 어떻게 먹어야 할지 막막하다. 이 책은 요리에 대한 설명과 식사하는 방법까지 알려주는 셈이다. 웃음은 보편적이지만 유머는 문화적이다. 하지만 우리는 설명을 통해 타인의 유머에 접근할 수 있고, 이해의 노력을 기울일 수 있다. 그런 의미에서 이 책은 서로 다른 문화 간의 화합과 교류의 다리이기도 하다.

내가 이 책의 번역을 제안받고 흔쾌히 수락한 것은 위의 여러 가지 이유 때문이다. 그러나 가장 커다란 동기가 있다면 그것은 한국에서도 만평이 언론의 핵심적인 상징으로 부상하기를 기대하는 마음이다. '백문불여일견', 그림은 많은 글로 설명해야 하는 내용을 한 방에 날려버린다. 캐리커처는 공격하고 과장하는 장르이기 때문에 훌륭한 만평을 접한다면 평소 느끼기 어려운 통쾌함과 짜릿함의 해방을 경험할 수 있다. 이 책을 통해 미래의 만평가를 꿈꾸는 사람들이 늘어나길 기대하며, 위협을 무릅쓰고 비판의 칼날을 가는 만평가들이 안심하고 활동할 수 있는 세상이 오기를 희망한다.

2015년 6월
조홍식

옮긴이 조홍식

파리정치대학교에서 정치학 박사 학위를 받고, 하버드대 유럽학연구소 객원 연구원, 베이징외국어대 객원 교수를 거쳐 현재 숭실대학교 정치외교학과 교수로 재직중이다. 『유럽 통합과 '민족'의 미래』『미국이라는 이름의 후진국』『똑같은 것은 싫다』 등을 썼고, 『케인즈는 왜 프로이트를 숭배했을까?』『무용지물 경제학』『신용불량국가』 등을 옮겼다.

세상을 향한 눈

1판 1쇄   2015년 6월 29일
1판 2쇄   2015년 7월 30일

지은이 장크리스토프 빅토르 | 옮긴이 조홍식 | 펴낸이 강병선
책임편집 고선향 | 편집 이연실 | 독자모니터 박묘영
디자인 신선아 | 저작권 한문숙 박혜연 김지영
마케팅 방미연 우영희 김은지 | 홍보 김희숙 김상만 한수진 이천희
제작 강신은 김동욱 임현식 | 제작처 한영문화사(인쇄) 경일제책(제본)

펴낸곳 (주)문학동네
출판등록 1993년 10월 22일 제406-2003-000045호
주소 413-120 경기도 파주시 회동길 210
전자우편 editor@munhak.com | 대표전화 031)955-8888 | 팩스 031)955-8855
문의전화 031)955-8889(마케팅) 031)955-1910(편집)
문학동네카페 http://cafe.naver.com/mhdn | 트위터 @munhakdongne

ISBN 978-89-546-3651-3 03300

www.munhak.com